高校网球教程

Tennis

赵贇 / 编著　李杰 洪琦瑛 / 编

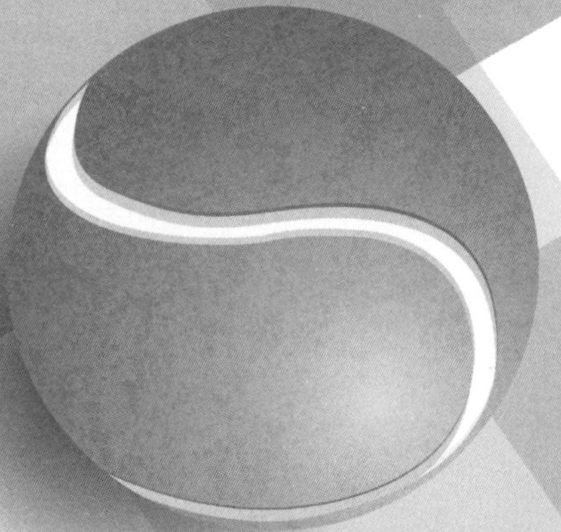

東華大學出版社

图书在版编目(CIP)数据

高校网球教程 / 赵赟编著；李杰，洪琦瑛编.—上海：东华大学出版社，2021.3

ISBN 978-7-5669-1882-6

Ⅰ.①高… Ⅱ.①赵… ②李… ③洪… Ⅲ.①网球运动—高等学校—教材 Ⅳ.①G845

中国版本图书馆 CIP 数据核字(2021)第 050539 号

责任编辑　李　晔

封面设计　静　斓

高校网球教程

赵　赟　编著

李　杰　洪琦瑛　编

出　　版：东华大学出版社(上海市延安西路 1882 号，200051)

本社网址：http://dhupress.dhu.edu.cn

营销中心：021-62193056　62373056　62379558

印　　刷：上海龙腾印务有限公司

开　　本：710mm×1000mm　1/16

印　　张：12.25

字　　数：305 千字

版　　次：2021 年 3 月第 1 版

印　　次：2022 年 7 月第 2 次

书　　号：ISBN 978-7-5669-1882-6

定　　价：68.00 元

前　言

随着网球运动在我国的开展和普及，高校网球课程已成为深受在校大学生关注的选修课程之一。网球运动的竞技对抗强度、娱乐欣赏性、网球文化的内涵等在大学生群体中有着很高的认同度，吸引着越来越多的年轻人参与其中。截至2020年，中国有398所高校开展了网球运动并加入了中国大学生网球协会，36所综合性大学招收高水平网球特长生，近百所体育院校招收体育教育和运动训练方向的网球专项生。在校期间学习掌握一项运动技能并成为终身的体育爱好已成为当代大学生选择网球课程的第一目的。

应全国多所高校网球社团和网球俱乐部之约，编者总结了三十多年从事高校网球教学训练的经验，汲取了国内外同类网球运动教材的部分教学训练方法著成本书。

本书是普通高校大学生网球运动课程教材，较为全面系统地介绍了有关网球运动的理论知识和实践方法，共分为五篇，内容包括：网球运动简介、网球基本技术及常见战术介绍、大学高水平运动员训练、网球运动常见运动损伤及处理方法，以及网球教练员资质认证体系介绍。本书对网球基本技术教学及常见战术进行了较为详细的分析并提供了系统的训练方法，旨在为各高校网球课程提供更为直观的参考。

本书在确保教材内容专业化、系统化的基础上，突出展示了高校网球教学训练课程中从初步了解学习到高水平运动员训练竞赛所采用的较为成熟的教法和训练管理方法。它为广大网球爱好者提供从易到难，从初级到中高级水平的不同阶段学习掌握网球技术、战术能力等方面的借鉴和参考。

本书由赵贇编著，李杰、洪琦瑛编。东华大学出版社对本书的编写和出版给予了很大的关心和帮助，在此致以衷心的感谢。

鉴于大学网球课程的设置特点，本书内容跨度范围为从学生初次接触网球授课到高水平运动员训练比赛，限于篇幅，部分内容未作详述。如有疏漏之处，敬请读者谅解和提出宝贵意见。

赵　贇

2021年1月

目　录

第一篇

网球运动简介

第一章 网球运动的起源与发展

第一节 网球运动的起源

网球被称为世界四大绅士运动之一。它的起源可以追溯到12—13世纪的法国，当时在传教士中流行着一种用手掌击球的游戏，方法是两人在空地上隔着一条绳子用手掌将布包着头发制成的球打来打去，这种运动在修道院中盛行。到了14世纪中期，这种球类游戏被法国的一位诗人带到了法国宫廷中，并进一步发展为皇室贵族专享的游戏。法国国王路易十世在位时，宫廷中就经常进行这种以消遣为目的的球类运动。

1358—1360年，古式网球从法国传入英国，英国国王爱德华三世对网球产生了很大兴趣，并在宫中修建了室内球场。这种游戏当时法语叫作“Tenez”，英语叫作“Take it！Play”，意即：“抓住！丢过去”——如今网球的英文“Tennis”即来源于此。

到了16世纪，开始出现木质球拍，并逐渐代替原来利用两手作球拍，而最初的网球制作材料也从草、树叶或头发等填充物逐渐转换成橡胶等材质。随后，这项球类游戏被法国国民发现并纷纷开始仿效。与此同时，人们还改良了用具——球用更耐用的橡胶制成，拍子由木板改为羊皮纸板、拍面面积变大、握把的柄加长。此外，场地中间的绳子上还增加了多条垂向地面的短绳子，使得当球从绳子下面经过时能被明显地发觉。这种大众游戏随后遭到法国国王路易斯的禁止，并被规定为宫廷中的“特权游戏”。

17世纪初，这项运动的场地中间的绳子改用小方格网，拍子也改用更富有弹性且轻巧方便穿线的网拍。在当时进行这种游戏时，球场旁边会放置一只金色器皿，观众会在比赛结束后向其中投掷金币，作为胜利者的奖赏。随后这项“奖励游戏”逐渐演变为一种赌博，开始时数目尚小，久而久之越赌越大，甚至有人因此倾家荡产，于是纠纷迭起，导致当时的法国国王不得不下令禁止此项游戏。这就是18世纪初期网球运动衰败的主要原因。

第二节 现代网球运动的发展

现代网球运动一般被认为是从 1873 年开始的。那年，英国人沃尔特·克洛普顿·温菲尔德改进了早期的网球打法，使之成为夏天在草坪上进行的一种体育活动，以此命名为“草地网球（Lawn Tennis）”，为了更好地宣传与推广这项运动，他在同年还出版了一本名为《草地网球》的小册子。此后网球便成为一项室内、室外都能进行的体育运动。温菲尔德还在英国各地建立网球运动俱乐部，他被称为“近代网球的创始人”。1875 年他又建立了全英网球运动俱乐部，这个俱乐部还建造了世界上第一个网球场地，并于 1877 年举办了全英草地网球男子单打锦标赛，即后来闻名于世的温布尔登网球赛。

起初，网球运动的广泛开展使得比赛活动日益频繁，但缺乏统一的规则。直到 1876 年，一些代表各地区著名网球运动俱乐部的成员，经多次协商之后，就网球运动的场地、设备、打法和比赛等方面取得了一致的意见，从而形成了统一的规则。自 1878 年起，英国大多数网球俱乐部都逐渐按照此规则开展活动、进行训练和比赛。

1874 年，在百慕大度假的美国女士玛丽·奥特布里奇在观看了英国军官的网球比赛后，对这项体育活动颇感兴趣，于是将网球规则、网拍和网球带到纽约。在美国，网球运动最初是在东部各学校中开展的，不久就传到中部、西部，进而在全美得到普及。那时网球运动已经由在草地上进行比赛演变到可以在沙土、水泥地、柏油地上举行比赛，于是“网球”的名称就慢慢替代了“草地网球”的名称。

现代网球运动开展的初期，人们常以“网球运动不适合女性”“女性参加网球运动有伤风化”等理由，将女性排斥在外。因此早期的网球比赛只设男子单打与双打，未设女子网球项目。但由于部分女选手不仅敢于冲破社会舆论和家庭的阻挠，而且少数女性选手的技术水平甚至胜于男性选手，导致在一些非正规的单打比赛中常常出现一边是男选手、另一边是女选手的情况。这迫使一些网球俱乐部不得不允许女性参加这一运动。1879 年男女混合双打比赛开始诞生。

1878 年，第一次男子双打锦标赛在英格兰举行。1879 年，第一次女子单打和男女混合双打比赛在爱尔兰举行。1884 年，温布尔登增加了女子单打和男子双打锦标赛。1913 年，温布尔登又增加了女双和混双锦标赛。

1881 年，世界上出现了第一个全国性的网球协会，即美国全国草地网球协会（“全国”两字于1920年取消）。该协会于当年8月31日至9月3日，在罗得岛纽波特港举行第一届美国草地网球男子单打和男子双打锦标赛，采用了温布尔登的比赛规则，参加比赛的有26人。美国全国草地网球协会主席德怀特·戴维斯和美国男单冠军西尔斯，也是最早参加温布尔登锦标赛的海外运动员。

1887年，开始举行美国草地网球女子单打锦标赛，女子双打和混合双打分别开始于1890年和1892年。

1891年，法国首次举行男子单打和男子双打锦标赛，参加者限于法国公民，女子单打始于1897年。

1900年，21岁的美国网球运动员戴维斯，为了推动现代网球运动的发展，捐赠了一只黄金衬里的纯银大钵，名为戴维斯杯。它后来成为国际网坛声望最高的男子团体锦标赛的永久性的流动奖杯。每年的冠军队和队员的名字都被刻在杯上，当1920年刻满名字后，戴维斯又捐赠了一只垫盒，后来又增添了两只托盘。

1904年，澳大利亚草地网球协会成立，并于1905年开始主办澳大利亚锦标赛，设男子单打、男子双打两个项目。1922年又增加了女子单打、女子双打和混合双打三项。法国网球公开赛、英国温布尔登网球锦标赛、美国网球公开赛和澳大利亚网球公开赛合在一起是世界上最有声望的“大满贯”网球赛。任何一名选手或一组双打选手能在同一赛季中，赢得任一公开赛事的冠军时，便获得“大满贯”优胜者的荣誉。

1913年3月1日，澳大利亚等12个国家的网球协会代表，在巴黎成立了国际网球联合会（ITF），协调国际网球活动，安排全年比赛日程表，修订网球规则并监督它的执行。

1919年，抽签采用“种子”制度。1927年，英国首创无缝网球，使球速加快。1945年至20世纪60年代，网球趋向职业化。1963年开始举办女子团体赛——联合会杯赛。1968年温布尔登首先实行不区分业余选手和职业选手的参赛制度。1972年，职业网球联合会成立。1973年，国际女子网球协会成立。

1896年在雅典举行的现代第一届奥运会上，网球的男子单打与双打被列为正式比赛项目。后来，由于国际奥委会和国际网球联合会在“业余运动员”问题上有分歧，已经进行了连续七届的奥运会网球比赛项目被取消。直到1984年的洛杉矶奥运会上，网球才被列为表演项目。到1988年的汉城奥运会上，网球重新被列为正式比赛项目。

与网球职业比赛一样，奥运会网球比赛也采用淘汰制，输一场就彻底被淘汰。男子比赛除了决赛，所有比赛采用三盘两胜制，而女子的所有比赛均为三盘两胜制，半决赛胜者争夺冠军，负者争夺季军。

网球公开赛时代开始于 1968 年，当时的四大满贯达成协议，允许职业选手参加比赛，和非职业选手共同竞争。自此，通过打网球来获得收入成为可能，第一届成为公开赛的大满贯比赛是 1968 年的法国网球公开赛。

第二章　网球竞赛计分与规则

第一节　网球竞赛计分

网球比赛的计分方式分为“分”“局”“盘”三级。

一、分

网球运动起源于宫廷之中，所以计分方法就地取材是可以理解的。他们拿可以拨动的近似时钟的仪器来计分，每得一次分就将指针转动四分之一，也就是15分（a quarter，一刻），同理，得两次分就将指针拨至30分，当然一切都是以他们的方便为基础。这就是15分、30分的由来。至于40分，它比较怪异，它不是15的倍数。这是因为在英文中，15分念作“fifteen”，为双音节，而30分念作“thirty”，也是双音节；但是45分，英文念作“forty-five”，变成了三个音节，当时英国人觉得有点拗口，也不符合“方便”的原则，于是就把它改成同为双音节的40分（forty）。这就是看起来不合逻辑的40分的由来。

二、局

局的计分法分为“发球局”及“决胜局”两种制度。

（一）发球局

单打时由同一位球员或双打时由同一方发球，直至有其中一方赢取那局为止。例如A发球，此局会被称为“A的发球局”，进行发球局时赢第一球时得15分，赢第二球时共得30分，赢第三球时共得40分，一方赢第四球时，另一方所得的分数如低于40分，则先赢四球者胜此局。但如双方同样取得40分时，则需进行平分（Deuce）。

进行平分时赢第一球者被称领先（Advantage），如各赢一球则需再进行平分，直至一方净胜对手两球才算赢此局。

（二）决胜局

由前面一局“接发球”的那位或那方球员先发第一球，然后轮到他的对手发两球，如此轮流，每人发两球。当一方取得 7 分，而另一方只取得 5 分或以下时，取得 7 分者赢得此局。双方同时取得 6 分时，一方必须净胜对手 2 分才能赢得此局。

三、盘

传统的网球计分，每盘只有 4 局，到 17 世纪时才改为每盘 6 局。1 盘 6 局制，通常用于三盘两胜或以上的比赛，先取 6 局者为胜一盘，但遇局数 5 比 5 时，则有两种制度。

1. “长盘制”：一方必须净胜两局才算胜一盘。

2. 先取 7 局者为胜一盘，但遇局数 6 比 6 时，则需打“决胜局”，即先取 7 分者为胜一局，但遇分数 6 比 6 时，一方必须净胜对手 2 分才算胜出此局，亦即胜出此盘。

1 盘 8 局制，通常用于一盘决胜负的比赛，先取 8 局者为胜，但遇局数 7 比 7 时，则采用“长盘制”或“决胜局”来分出胜负。

国际比赛中通用的是三盘两胜制，男子网球大满贯比赛时采用五盘三胜制。赛前均会详细说明。

第二节 网球单打和双打竞赛规则

单打竞赛规则

一、场地设备

球场呈长方形，长 23.77 米，宽 8.23 米。用球网将全场横隔为二等分区，球网悬挂在直径不超过 0.8 厘米的绳或钢丝绳上，网绳两端悬挂在直径不超过 15 厘米的圆形网柱或边长不超过 15 厘米的正方形网柱顶上。网柱高不得超过网绳顶部 2.5 厘米。网柱中心距边线外沿 0.914 米。网柱高度应使网绳的顶部距地面 1.07 米。

当一片兼有双打和单打的场地（参阅规则【三十四】）挂着双打球网用于单打时，球网必须用高度为 1.07 米的两根支柱支撑，这两根支柱称为“单打支柱”。它的直径或边长不得超过 7.5 厘米，单打支柱中心距单打场地边线外沿

0. 914 米。

球网应充分展开，完全填满两柱间的空隙，网孔大小以不让球穿过为准。球网中央高 0. 914 米，并用不超过 5 厘米宽的白色中心带绷紧束于地面。网顶的绳或钢丝绳要用白色网边布包缝，每边宽不得少于 5 厘米，也不得多于 6. 3 厘米。球场两端的界线叫端线。球场两边的界线叫边线。在球网两侧 6. 40 米外的场内各画一条与球网平行的横线，叫作发球线。联结两发球线的中点画条与边线平行的线，线宽 5 厘米，叫作中线，中线与球网成“十”字形。它将发球线与边线之间的地面分成四个相等的区域，叫作发球区。在端线的中心向场内画一条 10 厘米长、5 厘米宽的垂直于端线的短线，叫作中点。全场除端线可宽至 10 厘米外，其他各线的宽度均不得超过 5 厘米，也不得少于 2. 5 厘米。全场各区的丈量，除中线外都从各线的外沿计算。所有的线应是同一颜色。

如果在球场后面放置广告或其他物品时，注意不得使用白色、黄色的物品。任何浅颜色只有当其不妨碍运动员视线时方可使用。

注：戴维斯杯和国际网联主办的其他正式锦标赛均规定，端线以外至少要有 6. 4 米的空地，边线以外至少要有 3. 66 米的空地。司线员的座椅可安置在球场后面 6. 40 米的空地内，或安置在球场旁边 3. 66 米的空地内，只要座椅高出该区不超过 0. 914 米即可。

二、球场固定物

球场固定物包括球网、网柱、单打支柱、绳或钢丝绳、中心带、网边白布，还包括球场四周的挡网、看台、固定的或可移动的座位或其占有人，安置在场地周围、上空的设备，以及在各自位置上的裁判员、司线员、球童等。

三、球的大小、重量和弹力

球为白色或黄色，外表毛质均匀，接缝处没有缝线。球的直径是 6. 35—6. 67 厘米，重量是 56. 7—58. 5 克。球的弹力要求：球从 2. 54 米的高处自由落下时，能在混凝土地面上弹起 135—147 厘米。气温在 20℃ 时，如果在球上加压 80. 07 牛时，推进变形应大于 0. 56 厘米、小于 0. 74 厘米，复原变形应大于 0. 89 厘米、小于 1. 08 厘米。此两类变形值为对球之三轴所施的各试验读数平均值，两次读数不得相差 0. 08 厘米。在海拔 1 219 米以上的地方比赛时，可以使用另外两种球。第一种球落地后弹起的高度应大于 121. 92 厘米，小于 135 厘米，其他规格同上所述，其球内压力应大于外界压力。这种球通常称为“有压球”。第二种球落地后弹起的高度应大于 135 厘米，小于 147 厘米，其他规格也同上所述，其球内压力几乎和外界压力相同，并且已置于特殊比赛的气压下有 60 天或更长时间。这种球通常称为“零压球”或“无压球”。

四、球拍

球拍如不符合下列规格，则不得在比赛中使用。

1. 球拍的击球面必须是平的，由弦线上下交替编织或联结而成，其组成格式应完全一致。每条弦线必须与拍框联结，特别是穿线后其中心密度不能小于其他任何区域密度。弦线不应有附属物或突起物。如有附属物，只限用以限制或防止弦线的磨损、振动或分散重力，其大小和布置均应合理。

2. 拍框和拍柄的总长不得超过 81.28 厘米，总宽不得超过 31.7 厘米，拍框内沿总长不得超过 39.37 厘米，总宽不得超过 29.21 厘米。

3. 拍框和拍柄不应有附属物或设备。如有附属物或设备，只限用以限制或防止弦线的磨损、振动成分散重力。任何附属物或设备，其大小和布置必须合理。

4. 拍框包括拍柄和弦线，在每一分的比赛期间，不应有任何可使运动员实质上改变球拍形状或改变其重力分配的设备。

国际网联裁决某球拍或原型是否符合以上规格，或能否批准它在比赛中使用。这样的裁决或是国际网联主动着手去做，或是根据某些当事人的申请去做。这些当事人包括运动员、器材制造商或各个国家的网球协会和它们的委员。这些裁决与申请应根据国际网联适用的“回顾与听取程序”做出，其有关抄本可向国际网球联合会秘书办公室索取。

例（1）球拍的击球面能否有一盘以上的拍弦？

答：不能。规则很清楚地说到，交叉的弦组成一个式样，而不能是几个式样。

例（2）如果拍弦是在一个以上的平面上，是否可认为拍弦式样大体上是平整的？

答：不可以。

例（3）拍弦上能否安置振动减弱设备？如可以，设备安置在何处？

答：可以。该设备只可安置在交叉的弦组成的式样外边。

例（4）比赛进行中，当一名运动员拍弦突然断裂，他能否用该拍继续比赛？

答：可以。

五、发球员与接球员

运动员应各自站在球网的一边，发球方的运动员叫发球员，另一边的运动员叫接球员。

例（1）运动员在击球前或击球后超过了球网的假定延长线，是否判他失分？

答：不判失分。只要他不进入对方场区即可（根据规则【二十】第 4 条处理）。若有碍击球，对方可提请裁判员按规则【二十一】和规则【二十五】处理。

例（2）发球员要求接球员必须站在场内接球是否必要？

答：无必要。接球员在自己球场一侧可站在任何位置接球。

六、选择权

第一局比赛用掷币的方法来决定选择场区或首先发球权、接发球权。得胜者，有权优先选择或要求对方选择：

1. 选择发球或接发球者，应让对方选择场区；

2. 选择场区者，应让对方选择发球或接发球。

七、发球

发球应按下列方法将球发送出去：发球员在发球前，应先站在端线后、中点和边线的假定延长线之间的区域里，然后用手将球向空中任何方向抛起，在球接触地面以前用球拍击球（仅能用一只手的运动员，可用球拍将球抛起），球拍与球接触，就算完成球的发送。

例（1）单打比赛中，发球员可以站在端线后、单打边线与双打边线的假定延长线之间发球吗？

答：不可以。

例（2）发球时，发球员向上抛起两个或两个以上的球，是否判失误？

答：不判失误，重发球。若裁判员认为此举系故意为之，可按规则【二十一】处理。

八、脚误

1. 发球员在整个发球动作中：

① 不得通过行走或跑动改变原站的位置。发球员发球时，如两脚稍有移动而未变更原位，不算行走或跑动。

② 两脚只准站在端线后、中点和边线的假定延长线之间，不能触及其他区域。

2. 脚是指踝关节以下部分。

九、发球员的位置

1. 每局开始发球时，发球员应先从端线中点右区发球；得（失）一分后，应换到左区发球。这样每得（失）一分就轮流交换发球位置。如发球位置错误而未察觉，比分仍然有效；一旦察觉，应立即纠正。

2. 发出的球，在对方还击前，应从网上越过，落到对角的对方发球区内或其周围的线上。

十、发球失误

发球时发生下列任何一种情况，均判失误：

1. 发球员违反规则【七】、【八】和【九】的各项规定。

2. 未击中球。

3. 发出的球，在落地前触及固定物（球网、中心带、网边白布除外）。

例（1）发球员向上抛球准备发球时，又决定不击球而将球接住，是否算失误？

答：不算失误。

例（2）单打比赛在双打场地上进行，使用了单打支柱，发出的球触及单打支柱后落入规定的发球区内，是判失误还是判重发球？

答：判失误。因为单打支柱、双打支柱以及其间的球网、网边白布均系固定物（参阅规则【二】、【十】及【二十四】注）。

十一、第二次发球

发球员第一次发球失误后，应在原发球位置进行第二次发球。如第一次发球失误后，发觉原发球位置错误时，应按规则【九】改在另区发球，但只能再发一次球。

例（1）发球员错区发球，失分后提出站位错误应判发球失误，该如何处理？

答：比分有效。下次发球应按比分站在正确的位置上进行。

例（2）比分 15∶15 时，发球员站错位置在左区发球，得了该分，然后到右区发球，第一次发球失误后发觉发球位置有误，先前所得的一分是否有效？应该站在何处第二次发球?

答：原先得分有效，比分应是30∶15；该改站在左区发球，原先失误有效，只能第二次发球。

十二、发球时间

发球员须待接球员准备好后，才能发球。接球员做还击姿势就算已做好准备；如接球员表示尚未准备好，即使所发的球没有落到发球区内，他也不能要求判此球失误。

十三、重发球和重赛

凡根据规则必须重发球或比赛受到干扰时，裁判员应呼叫“重发球”。对此可作下列解释：

1. 宣报发球无效时，仅该球不算，重发球。

2. 其他情况下，该分重赛。

例（1）发球受到规则【十四】规定以外的一些原因的妨碍，是否只能重发球?

答：不。该分重赛。

例（2）“活球”期间球破了，是否应判重赛?

答：应该重赛。

十四、发球无效

下列任何一种情况，应判发球无效，并重发球：

1. 合法的发球触及球网、中心带、网边白布后，仍落到对方发球区内，或发球触及球网、中心带、网边白布后，在落地前触及接球员身体或其穿戴物件。

2. 不论发出的球成功还是失败，接球员均未做好准备（参阅规则【十二】）。如重发球，则那次发球不予计算，但原先的第一次发球失误不予取消。

十五、发球次序

第一局比赛终了，接球员成为发球员，发球员成为接球员。以后每局终了，均依次互相交换直至比赛结束。如发球次序发生错误时，发觉后应立即纠正，由应轮及发球的球员发球。发觉错误前双方所得的分数都有效。如发觉前已有一次发球失误，则不予计算。如一局终了才发觉次序错误，则以后的发球次序就以该局为谁按规定轮换。

十六、运动员何时交换场地

双方应在每盘的第一、三、五单数局结束后，以及每盘结束双方局数之和为单数则需要换场地，双方局数之和为双数，则不交换场地，须等下一盘第一局结束后再进行交换。如发生差错未按正常顺序交换场地，一经发现，应立即纠正场区，按原来顺序进行比赛。

十七、“活球”期

自球发出时起（除失误或重发外），至该分胜负判定时止，为“活球”期。

例：甲方运动员还击失误，裁判员未判，比赛继续进行。乙方运动员可否在往返对打结束后声称他应得这一分？

答：不可以。甲方还击失误，但比赛继续，只要乙方未受妨碍，乙方就不得有此要求。

十八、发球员得分

下列任何一种情况，判发球员得分：

1. 发出的球（发球无效除外，参阅规则【十四】），在着地前触及接球员或他穿戴的任何物件时。

2. 接球员违反规则【二十】而失分时。

十九、接球员得分

下列任何一种情况，判接球员得分：

1. 发球员连续两次发球失误时。

2. 发球员违反规则【二十】而失分时。

二十、失分

下列任何一种情况，均判失分：

1. 在球第二次着地前未能还击过网（规则【二十四】第 1 条和第 3 条除外）。

2. 还击的球触及对方场区界线以外的地面、固定物或其他物件（规则【二十四】第 1 条和第 3 条除外）。

3. 还击空中球失败（站在场外击空中球失败也算失分）。

4. 在比赛进行中，运动员故意用球拍拖带或接住球，或故意用球拍触球超过一次。

5.“活球”期间运动员的身体、球拍（不论是否握在手中）或穿戴的其他物件触及球网、网柱、单打支柱、绳或钢丝绳、中心带、网边白布或对方场区以内的地面。

6. 来球尚未过网即在空中还击（过网击球）。

7. 除握在手中（不论单手或双手）的球拍外，运动员的身体或穿戴的物件触球。

8. 抛拍击球。

9. 比赛进行中，运动员故意改变其球拍形状。

例（1）发球时，球拍从发球员手中飞出，在球触地前触网，这是一次发球失误还是发球员失分?

答：发球员失分。因为是在“活球”期间球拍触网（参阅规则【二十】第5条）。

例（2）发球时，球拍从发球员手中飞出，在球接触发球区以外地面后触网，这是一次发球失误还是发球员失分?

答：这是一次发球失误。因为当球拍触网时，已成“死球”。

例（3）甲与乙和丙与丁比赛，甲发球给丁，丙在球着地前触网，然后由于球落在发球区外，判甲发球失误。试问丙、丁是否应失此分?

答：判“发球失误”是错误的。在宣判“发球失误”前，丙、丁已经失分。因为在“活球”期间，丙触网。

例（4）运动员可否在“活球”期间跳过球网到对方场区而不被判罚?

答：不可以。应判该运动员失分（参阅规则【二十】第5条）。

例（5）甲削球刚过网，球又反弹至甲场区，乙够不着球，抛拍击球，拍与球一起落入甲方场区内，甲这时回球出界，乙失分还是得分?

答：乙方失分（参阅规则【二十】第5条和第7条）。

例（6）站在发球区外的运动员，在对方发来的球落地前被球击中，他是得分还是失分?

答：被击中的球员失分（参阅规则【二十】第7条，但规则【十四】第1条除外）。

例（7）运动员站在场区外还击空中球或用手接住球，声称他应得此分，因该球明显出界，可以吗?

答：在任何情况下，他都不应得分。

a. 如他用手接住球，他失分（参阅规则【二十】第 7 条）。

b. 如他还击空中球失误，他也失分（参阅规则【二十】第 3 条）。

c. 如他还击空中球为有效还击则比赛继续进行。

二十一、阻碍击球

甲方的举动妨碍乙方击球时，该举动若属故意，判甲方失分，若系无意则判该分重赛。

例（1）一方在击球过程中触碰了对方，是否应判罚？

答：不。除非裁判员认为根据规则【二十一】有应罚之处。

例（2）当球反弹后回过网去，追击该球的一方过网击球，但受到对方阻碍未能击球。应如何判决？

答：按照规则【二十一】，裁判员可判受阻方得分或指令该分重赛（参阅规则【二十五】）。

例（3）属于规则【二十五】之内的无意连击。是否构成影响对方击球的动作？

答：不是。

二十二、压线球

落在线上的球都算界内球。

二十三、球触固定物

击出的球，落在对方场区地面后再触及固定物（球网、网柱、单打支柱、绳或钢丝绳、中心带、网边白布除外）时判击球者得分；球在落地前触及固定物（球网、网柱、单打支柱、绳或钢丝绳、中心带、网边白布除外），判对方得分。

例：一方运动员还击，球触及裁判员或裁判椅，他声称该球正向场内飞入，如何判决？

答：判击球者失分。

二十四、有效还击

下列任何一种情况，都是有效还击：

1. 球触球网、网柱、单打支柱、绳或钢丝绳、中心带或网边白布后，从网上越过落入对方场区内。

2. 对方发出或还击的球，落到本方场区内又反弹回去或被风吹回对方场区上空时，本方运动员挥拍过网击球，球落到对方场区内，其身体、衣服或球拍并未触及球网、网柱、单打支柱、绳或钢丝绳、中心带、网边白布或对方场区的地面。

3. 球从网柱或单打支柱以外还击至对方场区（不论还击的球是高还是低于球网，或是触及球网或单打支柱）。

4. 合法击球后，球拍随球过网。

5. 对方发出或击出的球，碰到本方场区内的另一球，而还击的运动员仍能回球到对方场区内。

注：单打比赛时，为了方便起见，可在双打场上另装单打支柱。单打支柱以外的球网、双打网柱、绳或钢丝绳及网边白布等都算固定物，不算单打网柱或球网的一部分。

6. 还击的球，如果从单打支柱和双打网柱中间钢丝绳下穿过，并且没有触及钢丝绳、球网或双打网柱而落到有效场区以内，算有效还击。

例（1）一个向场外飞出的球，触及网柱或单打支柱而落入对方场区内，是否属于有效还击？

答：如果是发球，不属有效还击（参阅规则【十】第 3 条）；如果是回击来球，则属有效还击（参阅规则【二十四】第 1 条）。

例（2）运动员双手握拍击球，是否为有效还击？

答：是有效还击。

例（3）发球或来回击球过程中，球触及停留在场内的另一球，是否就此判得分或失分？

答：不应就此作出判决，比赛应继续进行。如果裁判员未能判别继续比赛的球是否系原来所用的球时，应指令该分重赛。

例（4）运动员可否在球赛中使用一把以上的球拍？

答：不可以。规则的全部含义是只能使用一把球拍。

例（5）运动员可否要求将停留在对方场区内的球取走？

答：可以。但不得在“活球”期间进行。

二十五、意外阻碍

运动员遇到不能控制的意外阻碍（球场固定物及规则【二十一】的规定除外），妨碍其击球时该分重赛。

例（1）一位观众进入场内妨碍了运动员击球，运动员可否要求该分重赛？

答：如果裁判员认为运动员击球时受到他不能控制的情况妨碍，可判重赛；如果是场上固定物或场中安置的物件影响击球，则不判重赛。

例（2）运动员如遇例（1）情况受到意外阻碍，裁判员判重赛，发球方已失误一次，还有两次发球机会吗？

答：有两次机会。因为是在“活球”期受到干扰，而不单是该次击球，应该重赛。

例（3）依据规则【二十五】甲方认为乙方受到意外阻碍，可否声称该分应该重赛？

答：不可以。

例（4）当球击中在空中的另一球，是否算好球？

答：应判该分重赛。但若空中球是本场一名运动员所造成，裁判员可根据规则【二十一】进行处理。

例（5）如果裁判员或司线员错报失误或出界。继而又予以纠正，两项判定何者有效？

答：应判重赛，并给两次发球机会。如果裁判员认为双方运动员在击球中均未受到影响，则纠正的判决有效。

例（6）若第一次发球失误，球反弹回来阻碍接球员接第二次发球，接球员能否请求重发球？

答：可以。除非他有机会将场中的球取走但却任其停留，否则不得要求重发球。

例（7）当球触及场内静止的或移动的物体时，是否算好球？

答：应算好球。如果该静止物是在“活球”期间进入场内，应判重赛；如果“活球”期间球触及在场上滚动的或在球场上空运行的物体，则必须判重赛。

例（8）第一次发球失误，第二次发球有效，因出现了规则【二十五】所述情况，或因裁判员未能作出判定而需重赛时，应如何处理？

答：第一次发球不予计算，应判该分重赛。

二十六、胜一局

运动员每胜一球得一分，胜第一分记为15，胜第二分记30，胜第三分记40，先得四分者胜一局。如遇双方各得三分时，则为平分。平分后，一方先得一分时为该运动员占先，占先后再得一分，才算胜一局；如一方占先后，对方又得分则仍为“平分”。依此类推，直到一方在“平分”后净胜两分结束该局。

二十七、胜一盘

1. 一方先胜六局为胜一盘。但遇双方各得五局时，某方必须净胜两局才算胜一盘。

2. 决胜局计分制可作为本条规则第1条平局时长盘的变通办法，但要在比赛前宣布这一决定。

3. 决胜局计分制规则

决胜局计分制可应用于每盘的局数为六平时，但三盘两胜制的第三盘和五盘三胜制的第五盘不得使用此制度，应使用本条规则第1条的长盘制，除非另有规定并在比赛前宣布。

决胜局计分制如下：

（1）单打

a. 先得七分者为胜该局及该盘。若分数成六平时，比赛须延长到某方净胜两分时止。决胜局应全部采用数字计分制。

b. 该轮及的发球员发第一分球，然后由对方发第二分球及第三分球。此后轮流交替发球，每人发两分球，直至决出该局与该盘的胜负为止。

c. 该轮及的发球员在右区发第一分球后，即改由对方依次在左区和右区发第二、三分球。此后轮流交替发球，每人连发两分球，其中第一分均应在左区发球。如果出现从错误的半区发球，在发觉前已得的分数均有效，但在发觉后应立即纠正错误的站位。

d. 运动员应在每六分及决胜局结束时交换场地。

e. 更换新球时，决胜局作为一局计算。如逢该局更换新球，应暂缓更换，待下一盘第二局开始时，再行更换。

（2）双打

单打比赛的规定都适用于双打比赛。轮到发球的运动员发第一分球，此后发球次序仍按该盘比赛中原先的发球次序排定，每人轮流交替发两分球，直到决出该局与该盘的胜负为止。

（3）轮换发球

运动员（或双打时一对运动员）在决胜局首先发球者，在下一盘第一局中为接球方。

例（1）虽然在比赛前已决定并宣布采用长盘制，但是在局数六平时用决胜局计分制比赛，试问已得分数是否有效？

答：如果在第二分球尚未开始比赛前发现此错误，则第一分有效，但应立即纠正错误。如果在第二分球已开始比赛后才发现此错误，则继续按决胜局计分制比赛。

例（2）虽然在比赛前已决定并宣布采用决胜局计分制，但是在局数六平时用长盘制比赛，试问已得分数是否有效？

答：如果在第二分球尚未开始比赛前发现此错误，则第一分有效，但应立即纠正错误。如果在第二分球已开始比赛后才发现此错误，则继续按长盘制比赛。如果此后局数到八平或更高的双数时（即十平，十二平……），应采用决胜局计分制。

例（3）单打或双打比赛在决胜局时，某方运动员的发球次序错误，是否在发觉后仍按错误的发球次序轮流交替进行，直到该局结束为止？

答：如运动员已发完该轮次球，则按错误的发球次序轮流交替进行下去。如该运动员尚未发完该轮次球时发现错误，应立即纠正发球次序，原先比分有效。

二十八、最多盘数

一场比赛最多盘数是五盘，女子参加时最多盘数是三盘。

二十九、临场官员的任务

比赛时如设裁判员，裁判员的判定就是最后的判定。

比赛大会设有裁判长时，如果运动员对裁判员涉及有关规定问题的判定有异议，可提请裁判长解决，裁判长的判决就是最后判定。比赛中设有司线员、司网和脚误裁判员等辅助人员时，对于具体发生的事例，他们的判定就是最后判定。如果裁判员认为是明显误判，他有权纠正辅助人员的判定或指令该分重赛。当辅助人员不能作出判定时，应立即向裁判员示意，由裁判员作出判定。如果裁判员对于具体发生的事例不能作出判定时，可指令该分重赛。

在戴维斯杯和其他团体赛中，球场上的裁判长有权更改任何判决，他还可以指示裁判员判该分重赛。

裁判长认为天色黑暗或因场地、气候等条件不能继续比赛时，可令比赛停止。补赛时双方运动员原有比分和站位仍然有效，经裁判长与双方运动员一致同意后，也可重赛。

例（1）裁判员判重赛，但运动员声称该分不该重赛，可否请裁判长作出判决？

答：可以。有关网球规则的问题，即涉及特殊事例运用规则的问题，首先应由裁判员决定。但是如果裁判员不肯定或运动员对裁判员的判决有异议时，则可请裁判长作出判决，他的判决是最后的判决。

例（2）裁判员判球出界，但某运动员声称该球是好球，可否请裁判长作出判决？

答：不可以。这是具体发生的事例，即是在特殊事例中实际发生的情况，因此临场裁判人员的判决是最后的判决。

例（3）如果裁判员认为往返击球过程中有一个明显错误，可否在这一往返击球结束时，改判司线员的判决？

答：不可以。除非他认为对方击球受阻碍。否则，裁判员只能在发现错误后，立即改判司线员的判决。

例（4）司线员判球出界，裁判员未能看清楚，虽然他认为这是界内球。他可否改判司线员的判决？

答：不可以。裁判员只能在他毫不怀疑地认为司线员的判决是错误时，或在司线员判定为好球而他已看清球和界线之间有距离时，或在司线员判定为出界或失误而他已看清是压线球或界内球时才能改判。

例（5）裁判员已报分，司线员可否改变他原来的判决？

答：可以。如果司线员发现自己判错，只要他是立即报“更正”就可以。

例（6）司线员判球出界后，运动员声称他的回球是好球，裁判员可否改变司线员的判定？

答：不可以。裁判员决不能因为运动员的抗议或申诉而进行改判。

三十、连续比赛和休息时间

从第一次发球开始，到全场结束，比赛应按下列规定连续进行。

1. 如第一次发球是失误，发球员必须毫不延误地开始第二次发球。

发球员必须按发球时合理的速度进行比赛，发球员准备发球时，接球员必须准备去接球。交换场地时，从前局结束至下局第一分球拍击球时，最多有一分三十秒的间歇。

当有外界干扰使比赛无法连续进行时，裁判员可酌情处理。由国际网联承认的国际巡回赛和团体赛的组织者，可决定分与分之间允许间歇的时间，在任何时候，间歇的时间都不得超过二十五秒。

2. 决不应该为了使运动员能够恢复力量、呼吸或身体素质而暂停、延误或干扰比赛。虽然如此，但是如因事故而受伤，裁判员允许一次暂停（三分钟）。由国际网联承认的国际巡回赛和团体赛的组织者，可以延长这一次暂停时间，从三分钟到五分钟。

3. 若某些情况非运动员所能控制，如运动员的服装、鞋或器材（不包括球拍），因料理不当而不能或难以继续比赛时，裁判员可暂停比赛，直到运动员把它们料理好。

4. 当需要和适宜时，裁判员在任何时候都可以暂停或延缓比赛。

5. 男子比赛在第三盘打完之后，女子比赛在第二盘打完之后，双方运动员可以有不超过十分钟的休息时间。如果地处北纬 15°及南纬 15°之间的国家，则以不超过四十五分钟为限。此外，当出现运动员无法控制的特殊情况时，裁判员有权暂停适当的时间。

如果比赛被暂停至第二天才能恢复，则在第二天打完第三盘之后（女子第二盘之后）才有休息权。第一天未打完的一盘作一盘计算。如果在同一天内，比赛被暂停超过十分钟，在没有间断的情况下，要在连续打完三盘后（女子比赛打完第二盘后）才有休息权。上一段没有打完的一盘作一盘计算。

任何国家和（或）委员会在组织锦标赛、一般比赛时有权从竞赛规程中变更或取消这一条款，只要在比赛开始前宣布即可。但国际网球锦标赛（戴维斯杯赛和联合会杯赛）除外。

6. 锦标赛的委员会有权决定给运动员做准备活动的时间，但不可超过五分钟，并且必须在比赛开始前宣布。

7. 当使用批准的罚分制（指三级罚分制）和不积累的罚分制（指每次罚一分制）时，裁判员应在上述罚分制条款的范围内作出裁决。

8. 运动员违反了比赛应连续进行的原则，裁判员在发出警告后，有权取消犯规运动员的比赛资格。

三十一、指导

团体赛中，在交换场地时，可由坐在场内的队长给予指导，但在决胜局换边时不得进行指导。

在其他比赛时，运动员不能接受指导，应严格遵守这些条款。

在裁判员发出警告后，他有权取消犯规运动员的比赛资格。当使用批准的罚分制（指三级罚分制）时，裁判员应按照罚分制处罚运动员。

例（1）如果以一种不妨碍别人的方法，用信号指导运动员，这时裁判员应警告运动员，还是取消他的比赛资格？

答：裁判员一旦发现有人给予语言或手势的指导，必须立即采取行动。如果裁判员未发现有人指导，运动员可以提请裁判员注意有人在进行指导。

例（2）五盘三胜比赛时，中间休息十分钟，或比赛中断运动员离开球场，他能否接受指导？

答：可以。如上所述，当运动员不在球场时，可任意进行指导。

注：指导包括任何建议与指示。

三十二、更换新球

假如在规定的局数以后应换新球，但在正确的次序未换新球，则此错误应等到该轮及发新球的运动员或在双打时该对运动员，在其下一轮发球局到来时予以纠正，更换新球。此后，应按原先规定的两次换球间的局数来更换新球。

双打竞赛规则

三十三、双打规则

除以下各条规定外，上述规则均适用于双打。

三十四、球场和球网

双打球场应为 10. 97 米宽，比单打球场每边多 1. 37 米。两发球线间的单打球场边线为发球区的边线，基余各项均和规则【一】相同。发球线与端线之间的单打边线，如认为需要可以取消。

三十五、发球次序

应在每盘开始之前，决定发球次序如下：

每盘第一局开始时，由发球方决定由何人首先发球，对方则同样地在第二局开始时决定由何人首先发球。第三局由第一局发球方的另一名球员发球。第四局由第二局发球方的另一名球员发球。此盘以下各局均按此次序发球。

例：双打比赛时，一方有运动员未能及时报到，其同伴可否要求允许他一人与对方进行比赛？

答：不可以。

三十六、接球次序

应在每盘开始之前，决定接球次序如下：

先接球的一方，应在第一局开始时，决定何人先接发球，并在这盘单数局继续先接发球。对方应在第二局开始时，决定何人先接发球，并在这盘双数局继续先接发球。他们的同伴应在每局中轮流接发球。

例：双打比赛，发球员的同伴或接球员的同伴，是否允许站在妨碍接球员视线的位置上？

答：可以。发球员的同伴或接球员的同伴可以按其愿望站在自己一侧球场内或外的任何位置。

三十七、发球次序错误

发球次序错误，应在发觉时立即纠正。但已得的分数或已成的失误都有效。如发觉时全局已经终了，此后发球次序就以该局为准轮流发球。

三十八、接球次序错误

接球次序错误，发觉后仍按已错误的次序进行，等到下一接球局再进行纠正。

三十九、发球失误或得分

发出的球，如违反规则【十】，或触及同队队员或他穿戴的物件时，都算失误。发出的球，在着地前触及接球员的同伴或他穿戴的物件时，应判发球方得分。

四十、还击

接发球后，双方应轮流由其中任何一名队员还击。如运动员在其同队队员击球后，再以球拍触球，则判对方得分。

注：除另有规定外，所有规则一律适用于男、女比赛。

第三节 信任制规则

在没有主裁判的情况下进行比赛时，所有球员必须了解和遵守以下基本原则。

1. 每名运动员都有责任以球网为界对本方半场的所有球进行呼报，而不能仅仅只有手势。

2. 所有的“Out”（出界）或“Fault”（发球失误）的呼报应该在球落地弹起后迅速做出，声音要响亮到足以让对手听到，呼报后伴有手势示意。

3. 如果在对该球的出界不确定的情况下，就不应该呼报或做出不利于对手的呼报。

如果一名球员错误地呼报了“Out”，然后马上意识到这是一个好球，这一分应该重赛。除非在此前的比赛中此运动员已经有一次错误的“Out”呼报，在这种情况下判呼报的运动员失分。

4. 发球方应该在每次发球前报比分，声音要足够大以至于让对手听到。

5. 双打比赛时，本方运动员谁离球落地点近谁呼报。双打比赛一般采取一前一后的站位方式，即网前一人与端线一人站位方式。

如对手打过来的球落在端线外，应由站在端线附近的运动员呼报，而不能由站在网前的运动员呼报。

如对手打过来的球落在站在网前附近的运动员一侧的边线外，应由这一侧的运动员呼报，而不能由另一侧站在端线的运动员呼报。

6. 当双方出现界内或界外球的争议或比分的争议时，双方都只能在本方场地上，不可以进入对方场地，否则按照运动员行为准则给予处罚。

7. 场上的教练员只能在换边休息时，才允许对该队运动员进行指导。教练员不得以任何形式干涉运动员的场上判决，若不遵守规则，将会根据情况给予取消其场上指导资格。

8. 场下观众（队友）要保持安静，为双方运动员鼓掌加油，尊重运动员的判断，不得干涉运动员的场上判决。

9. 如果一名运动员对对手的行为或呼报不满意，应该叫裁判长或巡场裁判员到场。没能公正地遵循这些原则的运动员将按照干扰比赛和违反行为准则中的不良体育道德行为受到处罚。

球员对上述规定有任何疑问可以向裁判长或赛事监督询问。

“信任制”比赛巡场裁判员处理问题的原则应是对球不对人，对事不对人，以服务球员的态度做出决定。

第三章 网球礼仪

第一节 日常练球礼仪

“尊重网球场上的一切人与物”，这是球员最起码的行为准则，它包括尊重对手、观众、工作人员、服务人员等，以下为日常练习过程中应遵循的礼仪。

1. 捡球过程中学会等待。训练过程中当你的球滚入邻场而邻场的球员正在练球时，请耐心等待别人击球结束。别人帮你捡了球，不要忘记说一声“谢谢”。

2. 发球前先看一看对方是否已做好了接球的准备，最好将球举起来示意一下。不要连看都不看就将球发出，这是对对手的不尊重。

3. 不要从球网上面跨过，亦不要触压球网。

4. 练球时，当对方的回球靠近底线时，应主动告诉对方他打过来的球是“In（界内）”、“Out（界外）”，还是压线。

5. 练球时当你击球出界或还击下网时，尽管你不是有意如此，但也应该向对方说声“Sorry（抱歉）”。

第二节 赛场礼仪

1. 球员参加比赛时，在赛前练球热身过程中有义务为对方的练习提供帮助，任何有意妨碍对方练习的做法都是有失风度的。

2. 比赛结束的时候，无论胜负都应该主动和裁判及对手真诚地握手。

3. 球场上不要摔球拍。

4. 球场上不要用脚踢球。

5. 为对手喝彩与向对手表示歉意。当对手击出好球时，应为其鼓掌。特别是在比赛中，当对手打出了自己很难击出的漂亮得分球时，应用手轻拍球拍，潇洒地表达自己为对手高兴的心情。如果打出一记幸运球（Luck ball）——球擦网后，改变方向和速度，落在对方场内（一般对手接不住），要说声“Sorry（抱歉）”或举拍示意，将球拍面向对手表示歉意。

第三节 观赛礼仪

1. 赛前进入观众席就座，比赛进行中不得走动或退场。如果观看网球比赛时迟到，应该在球员休息的时候进场，以免影响球员的注意力，干扰比赛；同样，如果在观看比赛的时候离开观众席，也要在球员休息的时候离开。

2. 在球员发球的时候，不要使用闪光灯拍照，更不要发出声响，避免对运动员造成干扰。

3. 观看比赛时应尽量避免携带能发出声音的物品或关掉其声音，观看比赛时应尽量将手机关机或设置在振动状态。从球员开始准备发球到一分结束，观众在此过程中最好不要随意交谈、吃东西、叫好、喝彩、鼓掌。

4. 服从赛场裁判人员的劝告。当听到裁判员要求观众安静的时候，应立即停止鼓掌，保持赛场安静。

5. 观众不得随便进入正在比赛的场地，更不要与工作中的裁判员、工作人员谈话，以免影响比赛的正常进行。

6. 落入观众席的球，不要马上扔回赛场，等结束“活球”状态后扔回，更不能在“活球”期间向赛场扔其他东西。

7. 球员应尊重观众，观众也应尊重球员，应给双方球员以平等的支持和鼓励。

第四章　网球场地和器材

第一节　网 球 场 地

一、场地种类

（一）草地场

草地球场是历史最悠久、最具传统意味的一种网球场地。其特点是球落地时与地面的摩擦小，球的反弹速度快，对球员的反应、灵敏度、奔跑的速度和技巧等要求非常高。因此，草地往往被看成是“攻势网球”的天下，发球上网、随球上网等各种上网强攻战术几乎被视为在草地网球场上制胜的法宝，底线型选手则在草地网球场上难有成就。但是，由于草地球场对草的特质、规格要求极高，加之气候的限制以及保养与维护费用昂贵，很难被推广到世界各地。目前每年有较大影响力的几个草地职业网球赛事几乎都是在英伦三岛上举行，且时间集中在六七月份，温布尔登锦标赛是其中最古老也最负盛名的一项。

（二）红土场

最典型的红土场地代表就是法国网球公开赛的场地。另外，常见的各种沙地、泥地等都可称为软性场地。此种场地特点是球落地时与地面有较大的摩擦，球速较慢，球员在跑动中特别是在急停急回时会有很大的滑动余地，这就决定了球员必须具备比在其他场地上更出色的体能、奔跑和移动能力，以及更顽强的意志品质。在这种场地上比赛对球员的底线相持功夫是一个极大的考验，球员一般要付出更多的汗水及耐心。

（三）硬地场

硬地场因其建造维护成本较低，已成为最普遍的网球场地。最典型的代表是澳大利亚网球公开赛和美国网球公开赛的场地。硬地网球场一般由水泥和沥青铺垫而成，其上涂有红、绿色丙烯酸材料面层，其表面平整、硬度高，球的弹跳非常有规律，但球的反弹速度很快。许多优秀的网球选手认为，硬地网球更具“爆发力”，而且网球比赛中硬地球场占主导地位，必须格外重视。

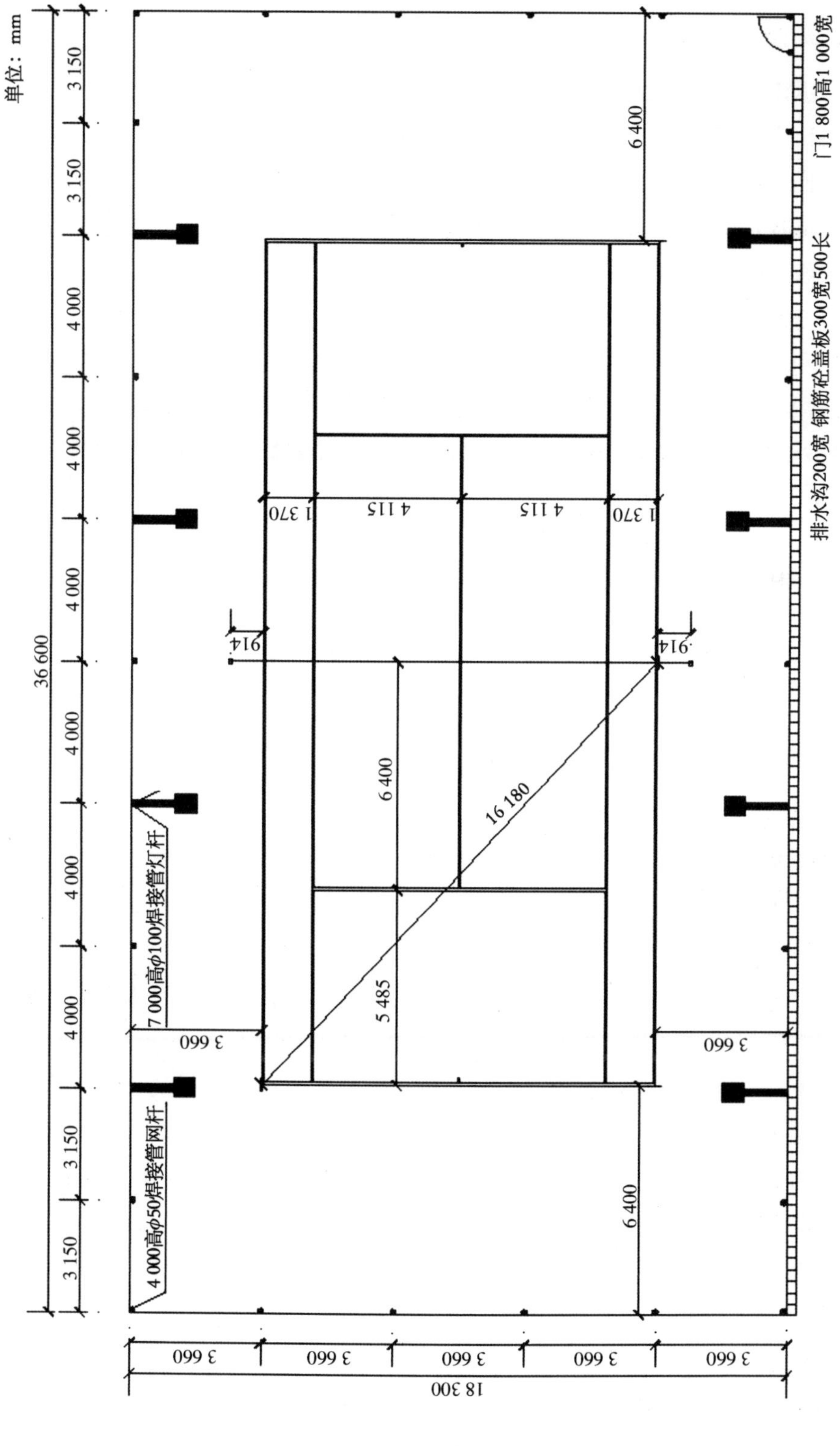
单位：mm
36 600
3 150
3 150
4 000
4 000
4 000
4 000
4 000
4 000
3 150
3 150
18 300
3 660
3 660
3 660
3 660
3 660
3 660
3 660
6 400
6 400
6 400
1 370
4 115
4 115
1 370
914
914
16 180
5 485
7 000高φ100焊接管灯杆
4 000高φ50焊接管网杆
门1 800高1 000宽
排水沟200宽 钢筋砼盖板300宽500长

图 1 网球场地标准图

二、场地照明

（一）网球场区域的照度标准（国标）

业余比赛（训练）：150 lx—300 lx；

一般比赛：300 lx—500 lx；

正式比赛：500 lx—750 lx，更高可达 1 500 lx；

观众席：30 lx—100 lx。

（二）安装环境

室外网球场地的四周围挡网高度一般在 4—6 米之间，可视球场周围环境（树木或建筑物高度）适量增减。需要安装照明灯光的球场，除室内屋顶灯具分布外，室外球场上空和端线两侧不应设置灯具。室外球场灯具应设置在两侧围挡网距地面 6 米以上，灯光从球场两侧场面均匀照射。

第二节　网球器材

一、球拍参数表参数

（一）重量

参数概念：重量是球拍参数中我们最能直观感受到的，空拍重量是指球拍未穿线拿在手里静止时感受到的物理重量；穿线重量是球拍在穿线后拿在手里静止时感受到的重量。

参数影响：在不考虑其他参数时，重量大的球拍会在击球时带来很好的加速度，让球有很好的速度和穿透性，可以使得球员的击打性更强。

但并不是说球拍越重就越好，太重的拍子会降低运动员挥拍的速度，太轻的拍子则不能很好地应付大力的来球，并且容易翻拍。每个人都应该根据自己的身体素质和力量情况来选择适合自己的拍子，并且考虑到挥重的因素。通常来讲，初选者尽量不要选择重量大于 300 克的球拍，选择球拍最好的方法还是在购买自己的第一把拍子时自己去试着拿一拿、挥一挥。

（二）平衡点和拍长

参数概念：平衡点是用来表示球拍重量分布的主要参数，平衡点和球拍的轻重息息相关，是一个“拍头轻重”的问题，拍长则指球拍的整体长度。球拍的平衡点需要拍长来进行参考。

参数影响：平衡点越靠近拍头挥重就越大，平衡点越靠近拍柄挥重就越小。拍长参数有固定值：儿童拍长度是 23 英寸（约 584.2 毫米）至 26 英寸（约 660.4 毫米）；标准成人拍长度是 27 英寸（约 685.8 毫米），加长版长度为 27.25 英寸（约 692.15 毫米）。

假如一把球拍的平衡点是 315 毫米，也就是说平衡点位于拍柄开始处 315 毫米，可以计算出这把拍子的平衡点是比较靠近拍柄的，所以挥重也就相对较小一点。

推荐参数：随着网球的发展，现在愈发流行球拍重量与球拍挥重相近的球拍，也就是说平衡点在靠近拍子中心即 342.5 毫米左右位置是较为理想的，这样会让球拍重量和挥重更趋于平衡。头重的球拍适合进行多拍，底线相持；头轻的球拍适合截击，也适合于双手持拍的选手。

（三）拍面大小

参数概念：球拍的线床面积大小即是球拍的拍面大小。

参数影响：拍面的大小决定着击球甜区的大小，小拍面虽然甜区较小，但具有更好的灵活性、控制性，小拍面在击球瞬间线床力量也更为集中，对球的推进也更好，能给使用者提供更好的击球效果，但同时小拍面常常会出现“打不准”的情况；而拍面越大甜区越大，接球更加容易，在击球瞬间线床能分散击球带来的震感，但大拍面球拍对球的控制力和击球灵活性较差。

参数推荐：小拍面在击球时的技术和力量要求都较高，更适合专业运动员来使用；业余选手可以选择中大型拍面的拍子，即拍面在 96 至 100 平方英寸（约 619 至 645 平方厘米）之间。这个尺寸区间的球拍甜区大小适中，相对于小拍面能够更好地打准球，同时不像大拍面球拍那样在击球时力量分散得很大，导致无法打出穿透性击球。

（四）推荐拉力

参数概念：球拍的设计拉力，通常是一个范围值，即球拍的最大拉力和最小拉力。我们通常用“磅数”一词表述这个参数。

参数影响：磅数越高，球拍的弹性越低，但是挥拍速度快的球员可获得较好的控球效果，磅数低会产生弹簧床作用而使反弹力增加，对球的控制力就会减弱。

通常情况下球拍上会提供推荐的拉力范围，穿线时尽量不要超过这个范围，否则容易破坏球拍的材质结构，造成球拍损伤。

（五）拍柄尺寸

参数概念：

尺寸/英寸	拍柄型号	尺寸/英寸	拍柄型号
$4\frac{1}{2}$	4 号柄	$4\frac{3}{8}$	3 号柄
$4\frac{1}{4}$	2 号柄	$4\frac{1}{8}$	1 号柄

需要注意的是，表格中的尺寸指的是球拍拍柄的周长，并非直径或者半径，国内的球拍手柄一般是 2 号柄居多，也就是周长是 4 又 1/4 英寸。

参数影响：拍柄越小也就相对越灵活，拍柄越大也就相对来说越笨重。

推荐参数：虽然拍柄越小球拍越灵活，但这并不代表所有人都要选择拍柄最小的球拍。通常而言，大拇指和食指之间有一竖指的距离为最佳距离，但由于球拍设计各异，不同品牌的球拍拍柄形状也并不相同，但拍柄的选择也需要结合每个人自身的情况，笔者建议在选择拍柄前，可以先亲自握一握，挥一挥，选择适合的拍柄。

（六）线床类型

参数概念：线床类型是指球拍的竖线和横线数量，通常描述为“竖线数量×横线数量”，常见的有 16×19 和 18×20。

参数影响：在其他条件相同的情况下，线床越密，与球接触的线就越多，控制力也就越好；线床越疏，线床的形变就越大，包裹就越多，球便越容易产生更多旋转。

参数推荐：喜欢制造旋转的使用者更适合 16×19 线床的球拍，而偏向平击打法的使用者推荐使用 18×20 线床的球拍。

二、球拍隐性参数

在球拍参数表之外，还有三个隐性参数十分重要：拍框厚度、挥重和硬度。

这三个隐性参数是影响一把球拍性能的关键：

（一）拍框厚度

参数概念：拍框截面的厚度。

参数影响：拍框厚度决定了球拍的力量指数，拍框越厚，线床就越小，减震就相对越好，击球的力量也会增强；对选手力量要求相对较低。但拍框较厚会使拍子的灵活程度降低。虽然薄拍框对使用者的力量要求较高，但灵活度也随之更佳；尽管上手较难，但在对球控制方面要好于厚拍框。

参数推荐：建议选择边框厚的球拍，边框厚减震好，易出球，适合新手进行动作训练，因为对手臂力量要求较低，不容易受伤。

（二）挥重

参数概念：挥重是指球拍在手里做挥动动作时所感受到的重量。

很多时候两把同款的球拍的挥重也会存在差别，拍子重量分布越靠近拍头，挥重就越大；反之，挥重越小。

参数影响：挥重的大小对于击球有很大影响：为了方便比较，着重讨论挥重这一项数据，假设其他因素不变。挥重越大，击球瞬间的球拍稳定性就越好，也就是说拍子的抖动就越少，这意味着球拍在击球瞬间传递到手腕的震动就会越少。该选择多大的挥重主要看使用者自身的身体情况。拍子的挥重越大，对使用者身体力量的要求就越高，挥重越大，挥拍速度就会越慢，如果力量不足，就无法通过强有力的拍头加速从而打出既有速度又有旋转的击球。挥重过低时，球拍在击球的瞬间抖动剧烈，导致无法做进一步推进，也就无法打出有穿透力的球，同时挥重过低也容易使手臂受伤。

推荐参数：现今的趋势是球拍净重与挥重相平衡，例如：净重 300 克的拍子，那它的挥重应该在 300 到 330 千克每平方厘米之间，这样使用者在挥拍过程中才不会因为重量改变较大而不适应。

（三）硬度和力量等级

参数概念：硬度表示了球拍的自身弹性，硬度是决定球拍力量等级的重要参数；硬度越大，力量等级也就越高。

由于不同品牌表达力量等级的方式均有所不同，在这里笔者以海德球拍为例。海德的拍子等级是使用一个字母加一个数字组成的，分为 2 个系列：S 系列和 L 系列。字母代表的是挥动幅度：S 为 Short，挥动幅度小；L 为 Long，即挥动幅度大。从 S6—S1，数字越大代表力量等级越大；从 L1—L6，数字越大代表力量等级越小。基于此我们可以得出：在海德球拍中，L6 是 L 系列中硬度最小的球拍，而 S6 是 S 系列中硬度最大的球拍。

参数影响：硬度越大，击球时球拍的形变就越小，球离开线床也就越快，从而可以用相对较小的击球动作来击球，但同时也会因球在线床的停留时间较短导致对球的控制变差。硬度小的拍子则会让球在线床的停留时间变长，从而获得更好的控制。但由于形变幅度变大，相应地，挥拍幅度也会增大，从而对使用者的力量提出了更高的要求。

第五章　世界网球组织机构

第一节　国际网球联合会

一、简要介绍

国际网球联合会（International Tennis Federation，ITF），简称国际网联，是世界网球运动的最高管理机构。由 210 个国家或地区的网球协会构成。

在 1913 年 3 月 1 日的法国巴黎，12 个国家的网球协会进行会议建立了国际草地网球联合会（International Lawn Tennis Federation）。1924 年颁布了国际网球规则，1977 年由于网球不仅在草地上进行而改名为国际网球联合会。最初国际网球联合会的总部设在法国巴黎，后迁至英国伦敦。现有协会会员 210 个。其中 145 个为正式会员，65 个为无表决权的联系会员。

国际网联的正式用语为英语、法语和西班牙语。协会会员拥有的表决票数不同，分为 1、3、5、7、9、12 票 6 个等级，握有最高表决票数 12 票的有澳大利亚、英国、法国、美国、德国五国。

所有协会会员出席的全会是国际网联的最高权力机构，每年举行一次。有 7 票以上表决权的协会可派 3 人出席，其余均为 2 人。在全会闭幕期间，由管理委员会负责处理国际网联的一切事务。管理委员会由主席和 12 名委员组成，其中 3 人分别来自拥有表决票最多的协会会员，此外，至少亚洲 1 人，南美洲 1 人，非洲 1 人，巴拿马运河以北 2 人，欧洲 2 人。管理委员会由全会选举产生，每两年一次，可连选连任。管理委员会可设立专门委员会，并赋予自身部分权力。

国际网联现有的专门委员会有奥林匹克委员会、青少年竞赛委员会、老运动员委员会、技术委员会、网球规则委员会、国际网联规则委员会、财务委员会、医务委员会、大众传媒委员会和教练委员会。

国际网联的任务是制定、修改和实施网球规则，在各级水平上促进全世界网球运动的发展，在国际上维护网球运动的利益，促进和鼓励网球的教学，为国际赛事制定和实施规则，裁定国际网联认可的正式网球锦标赛，增强协会会员的影响力，维护联合会的独立，确定运动员的资格，管理业余、职业及业余—职业混合型比赛，合理使用联合会的资金，维护网球界的团结及监督这些规则的实行等。

二、宗旨和团体

国际网联成立的目的和宗旨是：

（一）在世界范围内促进网球运动的发展。

（二）履行世界网球运动理事机构的职能。

（三）制定、修改、维护和执行网球规则。

（四）全面促进各级游戏的发展，不论年龄、性别或残疾与否。

（五）采取国际上看似有利于提高网球利益的措施。

（六）促进和鼓励网球教学。

（七）制定并遵守国际团体锦标赛和公司比赛的规定。

（八）获得公司认可的官方网球锦标赛。

（九）通过共同行动给予公司会员更大的影响力，使其与其他体育行业的理事机构打交道。

（十）在与网球比赛有关的所有事项中保持公司的独立性，而没有任何外部权力对其与会员和与公司有关联的其他组织的关系进行任何不当干预或影响。

（十一）定义网球运动员身份和资格的要求，并规范业余和专业比赛。

（十二）以应得的方式管理公司的财务。

（十三）保持网球运动的完整性和独立性。

（十四）在不因肤色、种族、国籍、族裔或民族出身、年龄、性别、性取向、残疾或宗教而受到歧视的情况下，执行其目的和宗旨。

三、会员类别

（一）A 级成员

1. A 级成员应为当时 ITF 信托的受托人。所有 A 类股份应根据申请按面值分配给上述受托人。

2. A 级成员应仅享有董事会根据本协议规定及时宣布的任何股息。A 级成员作为 ITF 信托的受托人获得的任何此类股息，应仅根据上述信托声明中包含的信托、权力和规定使用，以使 B 级成员和 C 级成员受益。

3. A 级成员有权参加股东大会并在大会上发言，但无权投票。

（二）B 级成员

1. 作为联合国会员国或国家奥委会成员的独立国家或地区的国家网球协会或相应组织，理事会认为，其在网球事务上已充分发展，因此具有 B 级成员资格。

2. 根据理事会的决议，可以增加或减少由 B 级成员持有的 B 类股份的数量，或者予以没收。

3. B 级成员无权获得任何股息。

4. B 级成员有权参加任何股东大会并在大会上发言和投票。

（三）C 级成员

1. C 级成员是理事会认为在网球事务上不够成熟，无法获得 B 级成员资格，但发展起来却足以获得 C 级成员资格的网球协会或国家或地区的相应组织。

2. 根据理事会的规定，每个 C 级成员应持有一股 C 类股份。理事会决议后，将按面值向新的 C 级成员配发一股 C 类股份。

3. C 级成员无权获得任何股息。

4. C 级成员有权参加股东大会并在大会上发言，但无权投票。

四、竞赛系统

（一）赛事权益

1. 未经理事会总会一致同意，不得在任何时候设立或恢复与网球有关的“世界锦标赛”的名称。

2. 仅可使用术语“世界”或将类似的全球维度归类到网球比赛或标题的任何其他术语描述 ITF，否则应由 ITF 允许。

3. B 级和 C 级成员应负责选择参加任何正式团队比赛的国家队。此类成员应根据宪法、公司章程以及 ITF 的任何规则和条例以及任何适用的国家法律或要求，行使本权利。

4. 除非理事会另有决定，否则（A）戴维斯杯比赛和联合会杯比赛仅向 ITF 的 B 级成员开放；以及（B）在所有其他团体比赛中，参赛者可以被 B 级和 C 级成员接受。

5. 戴维斯杯和联合会杯委员会的职责应在戴维斯杯比赛和联合会杯比赛规则中规定。

6. 董事会可能会不时修改戴维斯杯比赛和联合会杯比赛的规定。除非董事会另有规定，否则所做的任何更改均应自下一版竞赛开始生效。

7. B级成员可将第27条（F）款所指的董事会决定撤回本理事会，但须由二十个B级成员支持，且应有适当通知书的决议根据第17条给予的同意。根据本第27条（G）款提交的决议，必须通过理事会三分之二的重大决议才能生效。

（二）国际网联承认的赛事

1. 团体赛

（1）专业组

戴维斯杯比赛（the Davis Cup Competition），男子团体赛；

联合会杯比赛（the Fed Cup Competition），女子团体赛；

霍普曼杯（the Hopman Cup），男女团体赛；

沙滩网球世界杯（the Beach Tennis World Cup），男女团体赛。

（2）青年组

阳光/康诺利（the Sunshine/Connolly）；

大陆杯（Continental Cup），18岁及以下男孩和女孩团体赛；

少年戴维斯杯（the Junior Davis Cup），16岁及以下男孩团体赛；

少年美联储杯（the Junior Fed Cup），16岁及以下女孩团体赛；

世界青少年网球（World Junior Tennis），14岁及以下男女团体项目。

（3）成人组

意大利杯（the Italia Cup），35岁男子团体项目；

托尼特拉伯特杯（the Tony Trabert Cup），40岁男子团体项目；

都柏林杯（the Dubler Cup），45岁男子团体项目；

弗雷德·佩里杯（the Fred Perry Cup），50岁男子团体项目；

奥地利杯（the Austria Cup），55岁男子团体项目；

冯·克拉姆杯（the Von Cramm Cup），60岁男子团体项目；

不列颠杯（the Britannia Cup），65岁男子团体项目；

克劳福德杯（the Crawford Cup），70岁男子团体项目；

小格兰特杯（the Bitsy Grant Cup），75岁男子团体项目；

加德纳马洛伊杯（the Gardner Mulloy Cup），80岁男子团体项目；

苏珊·朗格伦杯（the Suzanne Lenglen Cup），35岁女子团体项目；

青年杯（the Young Cup），40岁女子团体项目；

玛格丽特宫廷杯（the Margaret Court Cup），45岁女子团体项目；

布埃诺杯（the Bueno Cup），50岁女子团体项目；

莫林康诺利杯（the Maureen Connolly Cup），55岁女子团体项目；

爱丽丝大理石杯（the Alice Marble Cup），60 岁女子团体项目；

凯蒂无神杯（the Kitty Godfree Cup），65 岁女子团体项目；

奥尔西·吉布森杯（the Althea Gibson Cup），70 岁女子团体项目；

皇后杯（the Queens' Cup），75 岁女子团体项目；

多丽丝哈特杯（the Doris Hart Cup），80 岁女子团体项目；

轮椅世界队杯（Wheelchair World Team Cup），男女团体赛。

2. 个人比赛

（1）以下比赛应被归类为“官方网球锦标赛”和国际网球联合会的“公认网球锦标赛”。

① 官方网球锦标赛

温布尔登网球锦标赛，美国公开赛，法国网球公开赛，澳大利亚网球公开赛。

统称为“大满贯赛事”或单独称为“大满贯赛事”。

a. 举办任何正式网球锦标赛的协会或协会会员，在每次举行锦标赛时，须各自向国际网球联合会缴付总奖金的 1%。在所有情况下，必要的费用应在活动举行前转交给 ITF。

b. 上述每项正式网球锦标赛均须包括男子及女子项目，而男子及女子项目须同一期间在同一场地进行。

c. 官方网球锦标赛应是确定每年 ITF 世界冠军的决定性因素。

d. 正式网球锦标赛应遵循 ITF 的政策。

② 国际网球联合会认可的网球锦标赛

西班牙国际锦标赛，意大利公开赛，日本公开赛，东丽泛太平洋网球公开赛。

a. 举办任何公认网球锦标赛的协会或协会成员应在每次举办网球锦标赛时向 ITF 支付其总奖金的 0.5%。在所有情况下，必要的费用应在活动举行前转交给 ITF。

b. 认可的网球锦标赛应遵循 ITF 的政策。

c. 根据第 17 条，应向贸易基金会发出正式的承认申请通知。应在紧接其后的年度股东大会上审议应提交有关活动的详细资料，包括拟议地点的申请。

（2）以下赛事由国际网球联合会管理或拥有

① 奥运会网球项目

奥运会网球项目和青奥会网球项目由 ITF 代表国际奥委会管理。

② 残奥会网球项目

残奥会网球赛事由 ITF 代表国际残奥会委员会管理。

③ 高年级个人锦标赛

ITF 世界个人锦标赛；

ITF 超级高年级世界个人锦标赛。

老年人和超级老年人锦标赛由 ITF 所有，并在 ITF 的指导和控制下进行。

④ 轮椅个人锦标赛

轮椅网球大师赛（单打和双打）。

ITF 轮椅网球大师赛由 ITF 所有，并由 ITF 指导和控制。

⑤ 沙滩网球世锦赛

ITF 沙滩网球锦标赛由 ITF 所有，并由 ITF 指导和控制。

⑥ 其他锦标赛也可获得一年或一年以上的官方承认。

（3）以下赛道是国际网球联合会的正式网球赛道

① ITF 男子巡回赛

ITF 男子巡回赛由 ITF 批准的会员所有和/或认可的赛事组成，这些赛事同意遵守 ITF 职业巡回赛规则和条例，其中详细说明了 ITF、赛事和球员的权利和责任。

② ITF 女子巡回赛

ITF 女子巡回赛由 ITF 批准的会员拥有和/或认可的巡回赛组成，这些会员同意遵守 ITF 职业巡回赛规则和条例，其中详细说明了 ITF、巡回赛和球员的权利和责任。

③ ITF 少年巡回赛

ITF 少年巡回赛由其成员国拥有或批准的世界范围内最好的国际青少年锦标赛组成，并经 ITF 青少年竞赛委员会批准，同意遵守青少年巡回赛规则和条例，其中详细说明了 ITF、锦标赛和球员的权利和责任。

④ ITF 老年巡回赛

ITF 高级巡回赛由其成员国拥有或批准的世界范围内最好的国际老年人锦标赛组成，并经 ITF 老年人委员会批准，同意遵守详细说明 ITF、锦标赛和球员权利和责任的老年人规则和条例。

⑤ ITF 轮椅网球巡回赛

轮椅网球巡回赛由轮椅网球委员会批准的比赛组成，轮椅网球委员会同意遵守轮椅网球规则和条例，其中详细说明了 ITF、比赛和运动员的权利和责任。

⑥ ITF 沙滩网球巡回赛

国际网球联合会沙滩网球巡回赛由国际网球联合会批准参加的比赛组成，这些比赛同意遵守国际网球联合会沙滩网球巡回赛规则和条例，其中详细说明了国际网球联合会、比赛和运动员的权利和责任。

⑦其他巡回赛也可获得一年或一年以上的官方承认。

五、ITF 首次亚洲会议

2006 年 8 月 23 日国际网球联合会定期全会在首尔举行，会期三天。这也是该项组织首次在亚洲国家举行全会。为了让网球更加有趣，国际网联正在全面进行对场地规格、用球、球拍大小等的细分化工作，使被称为贵族运动的网球不受年龄和国籍的限制，让全世界人都可以享受它所带来的快乐。

国际网联将继续维持正式比赛场地的规格和用球，但重点放在降低门槛，使首次接触网球的人容易掌握网球。国际网联在会上对这一问题进行表决后，继续讨论从 2009 年开始实施的调整男女职业网球等级问题。

如今的男女职业网球公开赛根据总奖金规模，分为 1—4 级，从 2009 年开始分为 A 级大赛和 B 级大赛举行。奖金分别为 130 万美元和 60 万美元以上的 1、2 级比赛被纳入 A 级大赛，奖金分别是 35 万美元和 14. 5 万美元以上的 3、4 级比赛被纳入 B 级比赛。

六、入奥发展历程

从 1896 年到 1924 年，网球为奥运会的比赛项目。此后，国际网联因运动员参赛资格问题而与国际奥委会发生冲突，网球不再是奥运会项目，直到 1988 年才重新进入奥运会。

1981 年，戴维斯杯对世界开放，国际网球联合会将戴维斯杯重新划分成 16 个国家的世界组和大区组，并迎来了第一届国际网球联合会世界个人元老锦标赛。

1982 年，佛罗里达州举办了首次国际网球联合会世界教练研讨会，网球发达国家参加了第一次官方会议，来自世界范围的教练员接受培训。现如今，超过 100 个国家的 600 名教练员参加每年两次的教练员研讨会。

1985 年，大满贯发展基金诞生。温布尔登首次承诺每年捐赠 10 万英镑用于帮助国际网球联合会在世界范围内推广和发展网球运动。另外三个大满贯如是效仿，由此成立了大满贯发展基金。

1988 年，网球运动经历了 64 年的缺席回归奥林匹克运动，网球项目在国际网球联合会成立 75 周年之际成功于韩国汉城奥林匹克运动会上重返奥运。国际网球联合会也将轮椅网球运动中的两跳规则纳入官方网球规则。

1993 年，国际网球联合会建立网球运动反兴奋剂计划。国际网球联合会、职业网球联合会、国际女子网球协会采用一套固定的标准，该标准成为三大组织必须遵守的制度和教育性组成部分。

1995 年，Federation Cup（联合会杯）更名为 Fed Cup，此次更名是为了效仿戴维斯杯以适应新的主客场办赛模式。

1998 年，国际网球联合会成为"实验"的摇篮，世界最先进的网球专业研究设备为国际网球联合会使用。轮椅网球被正式纳入国际网球联合会，网球成为世界范围首个实现联合的残疾人运动。

2004 年，在西班牙塞利维亚举行的美国队与西班牙队戴维斯杯决赛吸引了官方网球比赛举办以来最多的一次观众数量（27 200 人）。同时，国际网球联合会开办了青少年网球学校，致力于开展针对青少年网球运动员的牧师式教育计划。

2006 年，电子司线初次登场。经过三年的努力，国际网球联合会终于研发出了电子司线，并首次将其运用于在澳大利亚佩斯举办的霍普曼杯比赛。

2007 年，国际网球联合会发起了网球运动的"参与与坚持"运动，实施招募和留下网球初学者的计划，在网上为全世界的网球教练提供电子资料。同时，网球运动反兴奋剂计划的实施也排他地由国际网球联合会执行。

第二节　职业网球联合会

一、简要介绍

职业网球联合会（Association of Tennis Professionals，ATP）的目标是保护男子职业网球运动员的利益，成立于 1972 年 9 月。自 1990 年起，该组织举办男子职业网球的世界范围巡回赛，该系列比赛最初被称为 ATP 巡回赛（ATP Tour），2009 年起更名为 ATP 世界巡回赛（ATP World Tour）。这一巡回赛制度取代了 1990 年之前的网球大奖赛（Grand Prix Tennis Tournaments）和世界网球锦标赛（World Championship Tennis）。

2009 年，职业网球联合会宣布推出全新的巡回赛体制，名为“ATP 世界巡回赛”。ATP 世界巡回赛由 ATP 世界巡回赛 1000 大师系列赛事、ATP 世界巡回赛 500 系列赛事和 ATP 世界巡回赛 250 系列赛事三项系列赛事构成。

概括来说，原来的“ATP 大师系列赛”改名为“ATP 世界巡回赛 1000 大师系列赛事”；而原来的“ATP 黄金国际巡回赛”和“ATP 国际巡回赛”则分别改名为“ATP 世界巡回赛 500 系列赛事”和“ATP 世界巡回赛 250 系列赛事”。

ATP 世界巡回赛 1000 大师系列赛事包括印第安维尔斯、迈阿密、蒙特卡洛、罗马、马德里、多伦多/蒙特利尔、辛辛那提、上海和巴黎九个大师赛。而赛季末的 ATP 世界巡回赛总决赛则从上海市迁移到伦敦市。汉堡大师赛则被全新的红土赛事马德里大师赛所取代，马德里大师赛是一项男子和女子都可以参与的混合赛事。从 2011 年开始，罗马大师赛和辛辛那提大师赛也将变革为混合赛事。

除非有医疗证明，否则职业网球联合会将严厉惩罚那些故意不参加 ATP 世界巡回赛 1000 大师系列赛事的顶级选手们。该惩罚计划用于消除类似蒙特卡洛大师赛和汉堡大师赛那样由选手和组织方而导致的争议和抗议。汉堡大师赛和蒙特卡洛大师赛都曾对职业网球联合会提起过诉讼，作为和解条件，职业网球联合会决定蒙特卡洛大师赛依旧作为 ATP 世界巡回赛 1000 大师系列赛事一员，且其可以享有更高的奖金和 1000 分的 ATP 积分，但同时蒙特卡洛大师赛将不再是一个强制网球顶级选手必须参加的赛事。因而，蒙特卡洛大师赛决定不再起诉职业网球联合会。而汉堡大师赛则被“降级”为 ATP 世界巡回赛 500 系列赛事。汉堡大师赛决定不接受与职业网球联合会的和解，但随后他们输掉了这场官司。ATP 世界巡回赛 500 系列赛事包括鹿特丹、迪拜、里约、阿卡普尔科、巴塞罗那、汉堡、华盛顿、北京、东京、巴塞尔和巴伦西亚等赛事。

职业网球联合会与国际网球联合会宣布自 2009 年戴维斯杯首次引入 ATP 积分，只有参加戴维斯杯世界组或是世界组附加赛的球员才能获得排名积分。所分配的积分属于 500 积分的范畴但并不保证选手进入 500 赛事。球员在之前 52 周内，在四个附加赛上所累积的积分可以列入 500 积分范畴。全年赢得 8 场单打比赛的球员可获得 125 分额外奖励。

二、机构历史

1972 年，由唐纳德·戴尔、鲍勃·布瑞尼尔、杰克·克拉玛、克里夫·佐斯德尔成立了职业网球联合会。杰克·克拉玛为首任执行董事，而克里夫·佐斯德尔则为首任主席。杰克·克拉玛创立了职业网球选手排名系统，并在 1973 年开始实施，一直沿用至今。

自 1990 年开始，该协会组织了以协会名为赛事名称的全球网球巡回赛事。1990 年的时候，这项全球巡回赛事被命名为“ATP 巡回赛”；但是在 2001 年这项赛事被改名为“ATP”。到了 2009 年，这项赛事又被改名为“ATP 世界巡回赛”。这些改名被认为是与大奖赛网球系列赛以及世界网球锦标赛等赛事竞争的结果。

ATP 全球总部设在英国伦敦，欧洲总部设在摩纳哥，美洲总部设在美国蓬特韦德拉海滩，而涵盖非洲、亚洲及大洋洲的 ATP 国际总部则设在澳大利亚的悉尼。

1974 年至 1989 年期间，国际男子网球职业赛事均由一个名叫“男子职业网球联合会”的小组委员会管理。该小组委员会由国际网球联合会、职业网球联合会和来自世界各地的赛事管理者组成。

在职业网球联合会的要求下，网球赛事开始引入药物检查。这也使得网球赛事成为世界运动史上第一个采用“药检”的职业赛事。

三、ATP 系列赛

ATP 系列赛包括下面几种比赛：

1. 网球大师系列赛，也就是所谓的超九赛事；
2. 国际黄金系列赛；
3. 国际系列赛；
4. 各种挑战系列赛。

国际系列赛是 ATP 最低级别的比赛，它比赛的总奖金分成 40 万美元、60 万美元、80 万美元和 100 万美元不等。而国际黄金系列赛的总奖金分为 80 万美元、100 万美元。九个大师赛的总奖金当然是超过 100 万美元的，它们的奖金由各自的组委会来决定。我们以前的上海喜力公开赛就是 40 万美元的最低级别的 ATP 赛事。各种挑战系列赛的总奖金分为以下几类：2.5 万美元、5 万美元、3.75 万美元加免费住宿和早餐、7.5 万美元、10 万美元、12.5 万美元加免费住宿和早餐、15 万美元。拿参加一个 5 万美元的挑战赛来说，如果获得冠军，能拿到 50 分的 ATP 电脑排名分和 7 200 美元的奖金。

四、ATP 巡回赛

ATP 世界巡回赛包括：

1. ATP 世界巡回赛 1000 大师系列赛事；

2. ATP 世界巡回赛 500 系列赛事；

3. ATP 世界巡回赛 250 系列赛事。

而同时 ATP 巡回赛还监督为新人选手举办的 ATP 挑战赛和为资深选手举办的 ATP 冠军赛。但是大满贯赛事、奥运会网球赛事、戴维斯杯等赛事并不由职业网球联合会管理及监督，但这些赛事亦可以获得 ATP 排名积分。

每年网球单打及双打选手都能在赛季末的 ATP 世界巡回赛总决赛获得较多的 ATP 积分。该赛事在 2000 年至 2008 年期间由职业网球联合会与国际网球联合会联合举办，2009 年之后则由职业网球联合会独立举办。而由国际网球联合会主办的为期一周的未来赛（入门级赛事）、为期四周的卫星赛（已于 2007 年取消）和大满贯赛事都可以获得相应的 ATP 积分。

具体 ATP 积分获得细节请参见下表：

赛事类别	赛事数量	总奖金额（美元）	冠军积分	主办机构
大满贯赛事	4	各赛事自行安排	2 000	国际网球联合会
ATP 世界巡回赛总决赛	1	445 万	1 100—1 500	职业网球联合会
ATP 世界巡回赛 1000 大师系列赛事	9	245 万至 364. 5 万	1 000	职业网球联合会
ATP 世界巡回赛 500 系列赛事	13	75. 5 万至 210 万	500	职业网球联合会
ATP 世界巡回赛 250 系列赛事	39	41. 6 万至 102. 4 万	250	职业网球联合会
ATP 挑战赛	178	4 万至 22. 4 万	80—125	职业网球联合会
ITF 男子巡回赛	534	1 万至 2. 5 万	18—35	国际网球联合会

五、ATP 排名

职业网球联合会每周会公布两个排名：

1. 每周滚动的积分排名，被称为“阿联酋航空 ATP 排名”（俗称“世界排名”）；

2. 赛季累积积分排名，被称为“阿联酋 ATP 伦敦之路排名”（俗称“ATP 冠军积分”）。

ATP 排名是用来确定各项网球赛事中单打与双打选手的入选资格及种子选手资格。阿联酋航空 ATP 排名的统计周期为 52 周，但不包括 ATP 世界巡回赛总决赛，同时这些积分将在赛季末的最后一项赛事结束后全部作废。而那个在赛季结束后累积积分最高的排名选手即为当年的“世界第一”。而阿联酋 ATP 伦敦之路排名则是以一年内所有积分累加的数据，即“选手截至上周的 ATP 冠军积分 - 选手去年上周的同期积分 + 选手今年上周的积分 = 选手截至本周的 ATP 冠军积分”。阿联酋 ATP 伦敦之路排名最终排名前八的选手即可参加 ATP 世界巡回赛总决赛。

从 2009 年赛季开始，所有积分都翻了一倍以适应全新的排名系统。

第三节 国际女子网球协会

一、简要介绍

国际女子网球协会（Women's Tennis Association，WTA）是女子职业网球的最高管理机构。WTA 由比利·简·金女士领军的 63 名球员于 1973 年共同成立，目的是保护女子职业网球运动员的利益，其组织的 WTA 巡回赛（WTA Tour）是一项世界范围的女子职业网球巡回赛。40 年来，赛事奖金以及赛事规模从最初分布在 10 个国家的 190 万美元的赛事奖金，增长到现今 33 个国家的 1.18 亿美元赛事奖金。国际女子网球协会总部位于美国佛罗里达州圣彼得斯堡，欧洲总部设在英国伦敦，亚太地区总部设在中国北京。球员总部设在美国佛罗里达州的圣彼得斯堡；体育科学部、医学部、巡回赛运作部和选手关系办公室设在美国佛罗里达州的圣彼得斯堡。

WTA 巡回赛组织的总部设在美国康涅狄格州西南部的斯坦福德。巡回赛还在伦敦设有欧洲总部的办公室。WTA 由一名主席和一个董事会来管理，他们多数是现役球员，另外还有一些是商业顾问。理事会为整个网球运动的核心机构即为女子网球职业协会提供建议。像男子网球运动一样，WTA 的主要职责是负责所有球员的问题。球员们在女子网球协会中有各自的代理人，女子职业网球协会决定整个巡回赛的所有规则，并资助一些表演赛，使球员们能参加一些这样的比赛而不必担心与真正的职业联赛相冲突。

2008 年，WTA 巡回赛驻北京的亚太代表处成立，成为继佛罗里达州圣彼得斯堡总部和英国伦敦代表处外，巡回赛第三个分支机构。

二、发展历程

女子比赛同男子比赛一样，也走过了一条争夺权利的道路。球员们希望得到网球运动的控制权，但她们没有能力控制比赛——起码不能控制重要的比赛，经过一番协商，WTA 接受了董事们的建议，让职业网球联合会经营巡回赛。

由于选手们只要在一些比赛中赢得超过 25 000 美元的奖金即可获得电脑积分，所以加入女子的电脑排名榜比加入男子的要容易一些。尽管球员们要在一年中至少打 10 场锦标赛来保持自己的排名优势，她们参加一些小型的联赛还是比较容易的。

女子网球巡回赛为年轻的选手设立了学校，其教育目标重点是介绍巡回赛的知识以及参加比赛应注意的事项。这么做是因为有些年轻球员如耶格、卡普里亚蒂和奥斯汀曾遇到过这样的问题。WTA 认为，这些年轻球员承受的压力太大了，他们希望让选手及其家长们了解职业网球运动潜在的危险性。老球员们还认为有必要让青年选手了解网球运动的历史。年轻球员，即使在第一轮比赛中输了，也能赚数千美元，所以往日的球星想让年轻人了解她们是如何才有了今天的地位。珍妮弗·卡普里亚蒂，她经历了许多艰难的时光，但是她回到了比赛中，尽力弥补失去的时光。

重要的是，有两个组织关心球员的情况，尤其是女子运动员。球员们可以几乎没有世界知名度，达到 14 岁即可加入职业球员排名。许多球员被利用和欺骗，例如施特菲·格拉芙的遭遇，她的父亲挥霍了她的奖金。这些少年球员被名誉和金钱所迷惑之前，ATP 和 WTA 要教导他们。一些重要的联赛设有家长讨论会。如果让一个家庭认识到他们将面临的问题，我们认为讨论会还是有必要的。

最后，球员协会禁止增加新的联赛。球员们可以舒服地休息一段时间而不必去担心自己的电脑排名，由于 ATP 和 WTA 都禁止优秀选手参加只停留一夜的比赛，因此网球运动得到了健康发展。两大巡回赛都有代表最高水平的优秀球员参加。所有的球员都应牢记为他们的今天铺平道路的网球运动先驱们。我们要让一个 12 岁的少年高手知道克雷默、拉弗、康纳斯、阿希和女子比赛方面的金、卡萨尔斯、纳夫拉蒂洛娃和埃弗特，当他们是种子选手时，曾为网球运动做出过巨大的贡献。

三、赛事分类

（一）职业巡回赛

女子职业网球赛事分为五个级别（挑战赛和总决赛除外）：

1. 大满贯：由 ITF（国际网球联合会）主办的四大网球赛事，并不隶属于 ATP 或 WTA 中任何一个。级别最高，奖金总额超过 2 000 万美元，冠军可以获得 2 000 分的排名积分。

赛事：澳大利亚网球公开赛、法国网球公开赛、温布尔登网球锦标赛、美国网球公开赛。

2. 皇冠赛：由 WTA 主办的最高水平的网球赛事，奖金和积分也是 WTA 巡回赛中最高的，奖金总额为 450 万美元，冠军可获得 1 000 分。

赛事：印第安维尔斯大师赛、迈阿密大师赛、马德里大师赛、中国网球公开赛。

3. 超五巡回赛：由 WTA 主办的较高水平的网球赛事，奖金和积分仅次于皇冠赛，奖金总额为 205 万美元，冠军可获得 900 分。

赛事：多哈网球公开赛/迪拜网球公开赛（超五顶级一年一换）、罗马网球公开赛、辛辛那提网球公开赛、罗杰斯杯、武汉网球公开赛。

4. 顶级巡回赛：由 WTA 主办的网球赛事，奖金总额为 61. 8 万美元或 72. 1 万美元，冠军可获得 470 分。

赛事：东京泛太平洋、布里斯班、悉尼、圣彼得斯堡、多哈/迪拜、查尔斯顿、斯图加特、伊斯特本、斯坦福、郑州、莫斯科、伯明翰等地网球公开赛。

5. 国际巡回赛：由 WTA 主办的较低水平的网球赛事，基本奖金额为 23. 5 万美元，冠军排名积分为 280 分。

赛事：深圳网球公开赛（50 万美元）、高雄网球公开赛（50 万美元）、首尔网球公开赛（50 万美元）、天津网球公开赛（50 万美元）、奥克兰、霍巴特、里约热内卢、阿卡普尔科、蒙特雷、吉隆坡、卡托维兹、波哥大、布拉格、拉巴特、纽伦堡、斯特拉斯堡、斯海尔托亨博思、诺丁汉、马洛卡（2016 年新增草地赛）、巴达盖斯坦、布加勒斯特、巴斯塔德、华盛顿、南昌（2015 年的 125K 赛事升级）、弗洛里亚诺波利斯、东京、魁北克、广州、塔什干、林茨、香港、卢森堡等地网球公开赛。

（二）WTA 年终总决赛

WTA 年终总决赛诞生于 1972 年，它是 WTA 设立的、代表着女子网坛顶尖水平的赛事。刚开始时 WTA 总决赛采取 16 人的淘汰赛制，但从 1977 年起改为 8 人的小组循环赛制。进入 20 世纪 90 年代后曾经再度改为淘汰赛制，直到 2003 年这项横跨欧美大陆的赛事又恢复到了类似于大师杯的小组循环赛制。

另外值得一提的是 1984 年至 1998 年 WTA 年终总决赛最后的决赛采取的是五盘三胜制，在女子网球历史上这样的赛制极为罕见。直到 1999 年决赛又恢复为三盘两胜制。可见，经历了无数规则变动的 WTA 年终总决赛见证了现代女子网坛的发展，只有当年冠军排名前八的球员才有资格角逐这项规模盛大的赛事。

（三）排名系统

WTA 冠军排名是指女子职业球员当年参加所有赛事获得积分的总和，冠军排名是球员能否入围年终总决赛的参考标准。

WTA 世界排名是指女子职业球员在过去 52 周内 16 项成绩最好的赛事中获得的积分总和。（大满贯和强制参加的一级赛事必须算入这“16 项赛事”中，如果缺席就按“0”分算。）

WTA 采用 52 周排名系统，对单打球员过去 52 周中得分最高的 16 站比赛进行计算。因此世界年终排名至少需一年以上的数据为依据。1972 年本赛事刚开始，即时积分数据尚不严谨，因此后文没有列出 1972—1974 年的年终第一记录。

WTA 单打积分：对于世界高排位的选手（去年的年终前 20 名）四大满贯（澳网、法网、温网、美网）＋四大皇冠赛（印第安威尔斯、迈阿密、马德里、北京）＋2 站最佳超五赛事（P5）［多哈/迪拜、罗马、多伦/蒙特利尔（都在加拿大，单数年在多伦多，双数年在蒙特利尔）、辛辛那提、东京（2014 年开始武汉替代承办）］＋6 站最佳巡回赛成绩，另外，年终总决赛（进入年终总决赛的球员，分数将被强制计入，从 2016 年开始年终总决赛效仿 ATP 作为第 17 项被额外强制计入）。

WTA 目的是维护女子职业网球运动员的利益，为女子网球职业的发展和利益提供保障。

2020 年 7 月 10 日，国际女子网球协会（WTA）宣布将对单双打排名系统进行临时调整和修改。WTA 排名是对球员近期比赛结果的计算，除了评估每位球员在女子网坛的位置之外，也是每一站报名参赛和种子排位的基础。

（四）年终第一

时间	球员姓名	国籍
1975	克里斯·埃弗特	美国
1976	克里斯·埃弗特	美国
1977	克里斯·埃弗特	美国
1978	玛蒂娜·纳芙拉蒂洛娃	美国
1979	玛蒂娜·纳芙拉蒂洛娃	美国
1980	克里斯·埃弗特	美国
1981	克里斯·埃弗特	美国

（续表）

时间	球员姓名	国籍
1982	玛蒂娜·纳芙拉蒂洛娃	美国
1983	玛蒂娜·纳芙拉蒂洛娃	美国
1984	玛蒂娜·纳芙拉蒂洛娃	美国
1985	玛蒂娜·纳芙拉蒂洛娃	美国
1986	玛蒂娜·纳芙拉蒂洛娃	美国
1987	施特菲·格拉芙	德国
1988	施特菲·格拉芙	德国
1989	施特菲·格拉芙	德国
1990	施特菲·格拉芙	德国
1991	莫妮卡·塞莱斯	美国
1992	莫妮卡·塞莱斯	美国
1993	施特菲·格拉芙	德国
1994	施特菲·格拉芙	德国
1995	施特菲·格拉芙	德国
1996	施特菲·格拉芙	德国
1997	玛蒂娜·辛吉斯	瑞士
1998	林德茜·达文波特	美国
1999	玛蒂娜·辛吉斯	瑞士
2000	玛蒂娜·辛吉斯	瑞士
2001	林德茜·达文波特	美国
2002	塞雷娜·威廉姆斯	美国
2003	贾斯汀·海宁	比利时
2004	林德茜·达文波特	美国
2005	林德茜·达文波特	美国
2006	贾斯汀·海宁	比利时
2007	贾斯汀·海宁	比利时
2008	伊莲娜·扬科维奇	塞尔维亚
2009	塞雷娜·威廉姆斯	美国
2010	卡罗琳·沃兹尼亚奇	丹麦
2011	卡罗琳·沃兹尼亚奇	丹麦
2012	维多利亚·阿扎伦卡	白俄罗斯
2013	塞雷娜·威廉姆斯	美国

（续表）

时间	球员姓名	国籍
2014	塞雷娜·威廉姆斯	美国
2015	塞雷娜·威廉姆斯	美国
2016	安杰利克·科波尔	德国
2017	西蒙娜·哈勒普	罗马尼亚
2018	西蒙娜·哈勒普	罗马尼亚
2019	阿什格雷·巴蒂	澳大利亚

（五）历任第一

球员姓名	国籍	首次登榜时间	总周数
克里斯·埃弗特	美国	1975 年 11 月 3 日	260 周
伊凡妮·古拉贡	澳大利亚	1976 年 4 月 26 日	2 周
玛蒂娜·纳芙拉蒂洛娃	美国	1978 年 7 月 10 日	332 周
翠西·奥斯汀	美国	1980 年 4 月 7 日	21 周
施特菲·格拉芙	德国	1987 年 8 月 17 日	377 周
莫妮卡·塞莱斯	美国	1991 年 3 月 11 日	178 周
阿兰特查·桑切斯·维卡里奥	西班牙	1995 年 2 月 6 日	12 周
玛蒂娜·辛吉斯	瑞士	1997 年 3 月 31 日	209 周
林德茜·达文波特	美国	1998 年 10 月 12 日	98 周
珍妮弗·卡普里亚蒂	美国	2001 年 10 月 15 日	17 周
维纳斯·威廉姆斯	美国	2002 年 2 月 25 日	11 周
塞雷娜·威廉姆斯	美国	2002 年 7 月 8 日	319 周
吉姆·克里斯特尔斯	比利时	2003 年 8 月 11 日	20 周
贾斯汀·海宁	比利时	2003 年 10 月 20 日	117 周
艾米莉·毛瑞斯莫	法国	2004 年 9 月 13 日	39 周
玛利亚·莎拉波娃	俄罗斯	2005 年 8 月 22 日	21 周
阿娜·伊万诺维奇	塞尔维亚	2008 年 6 月 9 日	12 周
伊莲娜·扬科维奇	塞尔维亚	2008 年 8 月 11 日	18 周
迪娜拉·萨芬娜	俄罗斯	2009 年 4 月 20 日	26 周
卡罗琳·沃兹尼亚奇	丹麦	2010 年 10 月 11 日	71 周
维多利亚·阿扎伦卡	白俄罗斯	2012 年 1 月 30 日	51 周
安杰利克·科波尔	德国	2016 年 9 月 12 日	34 周
卡洛琳娜·普利斯科娃	捷克	2017 年 7 月 17 日	8 周

（续表）

球员姓名	国籍	首次登榜时间	总周数
加尔比妮·穆古拉扎	西班牙	2017 年 9 月 11 日	4 周
西蒙娜·哈勒普	罗马尼亚	2017 年 10 月 9 日	64 周
大阪直美	日本	2019 年 1 月 28 日	21 周
阿什格雷·巴蒂	澳大利亚	2019 年 6 月 24 日	7 周

第四节　中国网球协会

中国网球协会（Chinese Tennis Association，CTA）是全国性群众组织，是中华全国体育总会领导下的单项运动协会之一。该会于 1953 年成立，下设教练、裁判、科研和设备等委员会。该会从 1953 年起举办全国性比赛，每年举办 2 次团体赛、2 次单项比赛、1 次青少年比赛、1 次硬地冠军赛；通过比赛选拔最优秀的运动员代表国家参加重大国际比赛，还赞助各地举办各种类型的比赛。

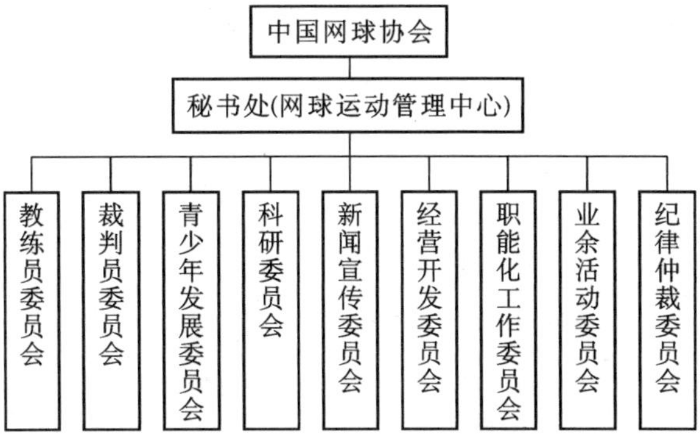

图 1　中国网球协会下设委员会组织

中国网协是中华全国体育总会的团体会员，最高权力机构是全国会员代表大会，秘书处是日常工作机构（图 1）。主要职能为研究制定网球发展规划、方针政策及全年工作计划；推广网球运动，选拔培养优秀人才，攀登运动技术高峰；负责各类竞赛工作的组织管理；对运动员、教练员、裁判员进行注册管理、业余培训、等级晋升和资格审查；选拔组建国家队及后备人才梯队，并负责管理；开展国际交往；组织科研工作等。

中国网协于 1981 年 7 月加入国际网联。

第六章　核心赛事简介

第一节　个人赛事介绍

一、网球四大满贯

（一）简要介绍

网球四大满贯（Grand Slam Tennis）是澳大利亚网球公开赛（Australian Open）、温布尔登网球锦标赛（Wimbledon Championships）、法国网球公开赛（French Open）、美国网球公开赛（U. S. Open）的简称。

按比赛场地的不同来划分，其中，澳大利亚网球公开赛与美国网球公开赛为硬地赛，法国网球公开赛为红土赛，温布尔登网球锦标赛为草地赛。

名称/标志	简称	举办国家	简介
澳大利亚网球公开赛	澳网	澳大利亚	每年（1月的最后两个星期）举办 在澳大利亚第二大城市墨尔本
法国网球公开赛	法网	法国	每年（5月至6月）举办
温布尔登网球锦标赛	温网	英国	每年（6月或7月）举办 网球运动最古老和最具声望的赛事
美国网球公开赛	美网	美国	每年（8月底至9月初）举办

网球四大公开赛	单打冠军（男子）	单打冠军（女子）
澳大利亚网球公开赛	诺曼・布鲁克斯挑战杯 （诺曼・布鲁克斯：澳网历史上的传奇人物，澳网创始人之一，被誉为“澳大利亚网球之父”）	达芙妮・阿克赫斯特纪念杯 （达芙妮・阿克赫斯特：澳网历史上的传奇人物，在赛事之初五夺女单冠军）
法国网球公开赛	火枪手杯	苏珊・朗格朗杯 （苏珊・朗格朗：历史上伟大的女子网球选手之一，从一名芭蕾舞团的成员成长为20世纪20年代的“网坛女皇”）
温布尔登网球锦标赛	挑战者杯 （约45.7厘米高的镀金奖杯）	玫瑰露水盘 （直径约48.3厘米的银盘）
美国网球公开赛	奖杯	奖杯

（二）澳大利亚网球公开赛

澳大利亚网球公开赛是网球四大满贯赛事之一。比赛通常于每年 1 月的最后两周在澳大利亚维多利亚州的墨尔本公园举行，是每年四大满贯中最先举行的一个赛事，也是最年轻的大满贯。

澳大利亚网球公开赛创办于 1905 年，已经有 100 多年的历史，其中，男子比赛创建于 1905 年，女子比赛始于 1922 年，刚开始举办比赛是使用草地网球场，到 1988 年才改为硬地网球场。比赛创立之初被命名为“澳大拉西亚锦标赛”（Australasian Championships）；1969 年，比赛进入“公开赛时代”。自 1988 年起，比赛一直在墨尔本公园的室外硬地球场上进行。

1968 年，国际网球职业化后它被列为四大公开赛之一。在 1972 年，这项赛事为了吸引更多观众，定在了澳大利亚的大城市墨尔本举行。在创办后的相当长的一段时间里，公开赛的冠军为本地人获得。从第二次世界大战后的 1946 年到 1978 年，男、女单打冠军多为澳大利亚选手获得，而进入 20 世纪 80 年代后，却又没有一位本地选手有幸获此殊荣。随着比赛规模的不断扩大，知名度的不断提高，比赛场地的设施需要随之进行改进，碎片公园体育场也就应运而生。这个多功能的运动中心在 1986 年开始动工，1988 年 1 月完工，并同年在此成功地举办了 1988 年福特澳大利亚网球公开赛。此后这个运动中心又进行了扩建，在 1995 年开始了比赛场地的二期工程，并在 1997 年的比赛中正式使用。1996 年 1 月 29 日碎片公园体育场正式改名为墨尔本公园。

比赛设有男子单双打、女子单双打以及混合双打等项目。男子单打冠军奖杯是诺曼·布鲁克斯挑战杯，女子单打冠军奖杯是达芙妮·阿克赫斯特纪念杯，男女单打冠军均可获得 400 万澳元的奖金。

由于是硬地网球场，所以打法全面的选手可以占到一定的优势。它不仅有利于底线抽击，也适合发球上网；既适于打上旋球下旋球，也适合吊高球和放短球。

1. 创立之初

1904 年，澳大利亚和新西兰的网球机构官员决定成立澳大拉西亚草地网球协会负责筹办每年一届的澳大拉西亚锦标赛并共同组队参加戴维斯杯的比赛。1905 年 11 月，首届澳大拉西亚锦标赛在墨尔本圣克尔达路艾伯特公园内的板球场（Warehouseman's Cricket Ground）举行。首届比赛总共有 17 名男选手参赛，最后罗德尼·希斯在 5 000 名观众的见证下战胜了阿瑟·柯蒂斯夺得了首届比赛的冠军。

澳大拉西亚锦标赛最初是在澳大利亚和新西兰两国的主要城市之间轮流举行，是澳洲网球的一种交流方式。1916 年至 1918 年间，比赛由于第一次世界大战暂停举办。1922 年，新西兰退出澳大拉西亚草地网球协会，成立了新西兰网球协会，比赛从此固定在澳大利亚举行。在 1922 年的比赛中，赛事首次加入了女子单打、女子双打以及混合双打项目，玛格丽特·莫尔斯沃思赢得了首次女子单打比赛的冠军。

1924 年，国际草地网球协会（ITLF）正式确认澳大拉西亚锦标赛为大满贯赛事。

2. 不断发展

1927 年，赛事更名为澳大利亚锦标赛。1935 年，杰克·克劳福德第四次夺得澳大利亚网球锦标赛男子单打冠军，成为首个历史上四夺这一赛事冠军的运动员。在此期间，比赛轮流在新南威尔士州悉尼、维多利亚州墨尔本以及和南澳大利亚州阿德莱德三地举办。1941 年至 1945 年间，比赛由于第二次世界大战连续五年暂停举办。

1951 年，南希·博尔顿第六次夺得女子单打比赛冠军，超越了达芙妮·阿克赫斯特三次夺得女单冠军的纪录，并使她成为历史上女子单打夺冠次数第二多的选手。进入 20 世纪 60 年代后，比赛所有的男子单打头衔全部被罗德·拉沃尔和罗伊·爱默生包揽，玛格丽特·考特更是自 1960 年至 1966 年连续 7 年包揽比赛冠军。这段时期的澳大利亚网球被人们称为“黄金年代”。

在澳网一百多年的历史中，澳大利亚选手获得了公开赛时代之前的大部分冠军。罗伊·爱默生、南希·博尔顿和玛格丽特·考特都获得了 6 个或以上的冠军头衔。

3. 公开赛时代

在 1968 年网球获得职业化后，澳大利亚网球锦标赛就被列为四大公开赛之一。1969 年，澳网正式进入公开赛时代，比赛名称也被正式更改为澳大利亚网球公开赛（Australian Open）。

1972 年，由于各界对比赛地点不确定的非议日渐高涨，赛事组织者决定将比赛固定在一个能够吸引最多的赞助商和观众的城市举办，澳网再次回到并落户于其诞生之地墨尔本。接下来的 16 年里，澳网一直在墨尔本库扬草地网球俱乐部（the Kooyong Lawn Tennis Club）的场地上举办。

1973 年，玛格丽特·考特第 11 次夺得澳网女子单打冠军，使得她成为澳网历史上夺冠次数最多的选手。

1977 年，澳网由通常的 1 月改到 12 月举办，使得在那一年举办了两届比赛。但由于紧邻圣诞节，赛事时间的改变并没有起到预先设想的效果。

1986 年，原定于年底比赛推迟到第二年 1 月举办。后来这一赛期一直沿用至今。

1988 年，政府斥巨资在墨尔本中央商务区南边的墨尔本板球场旁新建的费林德斯公园（Flinders Park）网球中心正式启用，并取得了立竿见影的效果。观众人数大幅攀升，有超过 26 万名观众亲临现场观看比赛，而前一年在库扬网球中心这一数据仅有 14 万人。也正是在启用新场地后，澳网才由草地改为硬地球场。

1996 年，比赛场地再次扩大，并更名为墨尔本公园。2000 年，为了纪念澳大利亚网球英雄——历史上唯一一位两度实现真正的大满贯的罗德·拉沃（Rod Laver），中央球场被命名为罗德·拉沃球场。

2001 年，“墨尔本多用途球场”（现名为“海信球场”）首次投入澳网比赛。这个于 2000 年建成的球场成为墨尔本公园内的第二大球场。

2003 年，中央球场旁的 1 号球场又以澳洲历史上最伟大的女子网球选手玛格丽特·史密斯·考特（Margaret Smith Court）的名字命名为玛格丽特·考特竞技场。在这一年，安德烈·阿加西第四次夺得澳大利亚网球公开赛的冠军。

2005 年，澳网度过了其百年生日。不过这只是历史上第 93 届比赛，其中因为两次世界大战停办了 8 年，另外 1977 年举办了 2 届，而 1986 年又停办了 1 年。百年澳网的比赛总奖金达到创纪录的 1 910 万澳元，其中男女单打冠军奖金为 120 万澳元。2020 年澳网各个项目的冠军奖金如下表所示。

项　目	奖　金
2020 年澳网总奖金	7 100 万
男女单打（冠军）奖金	412 万
男女双打（冠军）奖金	76 万
混合双打（冠军）奖金	19 万

4. 球场的变化

在 1988 年比赛场地改为墨尔本公园之前，澳大利亚网球公开赛采用的是草地球场，草地网球场的特点是球落地时与地面的摩擦小，球的反弹速度很快。在 1988 年比赛搬至墨尔本公园举办后，比赛的场地改为了硬地球场，硬地球场表面平整、硬度高，球的弹跳非常有规律，但球的反弹速度较快。因此打法全面的选手可以占到一定的优势，它不仅有利于底线抽击，也适合发球上网；既适于打上旋球下旋球，也适合吊高球和放短球。但是由于硬地球场不如其他质地的场地柔软，地表的反作用强而僵硬，所以容易对球员造成伤害。

在 2008 年澳网之前，比赛采用的是一种名为“Rebound Ace”的硬地地板，属于典型的慢速硬地，球落地后会有较高的弹跳。这种材料自从 1988 年出现在澳网以后便不断受到批评，原因是每年 1 月的澳大利亚正值夏日，这种材料在过热的天气条件下黏性很大，极大地影响了球员在比赛过程中的跑动。不仅如此，这种场地被认为极容易对运动员造成伤害。2007 年澳网过后，组委会决定将场地材料改为 Plexicushion，这种新场地的丙烯酸合成材质提高了球速，并使其更接近美网所使用的 Deco Turf 材质。与此同时，场地颜色也从单一的浅绿色变为了由深浅区分的蓝色。场地的改变得到了包括罗杰·费德勒和塞蕾娜·威廉姆斯等球员的支持。

5. 参赛奖金

男子单打与女子单打比赛项目的奖金数额相同。2019 年澳网总奖金为创历史新高的 7 100 万澳元，男子、女子单打冠军奖金为 412 万澳元。

轮次	男子单打	女子单打	男子双打	女子双打	混合双打
冠军	412 万		75 万		18. 5 万
亚军	205 万		37. 5 万		9. 5 万
半决赛	92 万		19 万		4. 75 万
四分之一决赛	46 万		10 万		2. 3 万
第四轮	26 万		—		—
第三轮	15. 5 万		5. 5 万		—
第二轮	10. 5 万		3. 25 万		1. 15 万
第一轮	7. 5 万		2. 1 万		0. 595 万

6. 参赛积分

参加比赛的选手根据出局的轮次获得不同的排名积分，积分累计入 ATP 和 WTA 的排名系统中。

轮次	男子单打	女子单打	男子双打	女子双打
冠军	2 000	2 000	2 000	2 000
亚军	1 200	1 300	1 200	1 300
半决赛	720	780	720	780
四分之一决赛	360	430	360	430

（续表）

轮次	男子单打	女子单打	男子双打	女子双打
第四轮	180	240	—	—
第三轮	90	130	180	240
第二轮	45	70	90	130
第一轮	10	10	0	10

澳大利亚网球公开赛的冠军名字将被永久刻在冠军奖杯上。男子单打比赛的冠军将被授予“诺曼·布鲁克斯挑战杯”奖杯。这个奖杯的命名是为了纪念19世纪初杰出的澳大利亚网球运动员诺曼·布鲁克斯，他是第一位夺得温布尔登网球锦标赛的非英国籍选手，并在1911年夺得了澳网冠军。该奖杯于1934年首次被颁发给男子单打比赛冠军，当年的冠军是弗雷德·佩里。

女子单打的冠军奖杯为“达芙妮·阿克赫斯特纪念杯”。该奖杯是由新南威尔士网球协会捐赠，并为了纪念1933年去世的达芙妮·阿克赫斯特。出生于澳大利亚新南威尔士州的阿克赫斯特曾经5次夺得澳网冠军。该奖杯于1934年首次颁发给女子单打比赛冠军，当年的冠军为澳大利亚选手琼·哈蒂根。

（三）法国网球公开赛

法国网球公开赛，简称“法网”，是一项在法国巴黎罗兰·加洛斯球场举办的网球赛事。通常在每年的5月至6月进行，是每年第二个进行的大满贯赛事。

该赛事创办于1891年，最初命名为“法国网球锦标赛”，在创立之初只是法国国内的网球小型比赛，只允许法国的网球俱乐部成员参加。第一届法国网球公开赛是一个只设有男子单打项目且只进行一天的小型比赛。1897年，比赛首次加入了女子单打比赛。在1915年至1919年之间，比赛因第一次世界大战被迫停赛。

法网是在红土球场上进行的大满贯比赛，标志着红土赛事中的最高荣誉，同时也标志着每年红土赛季的结束。由于红土场地球速较慢，且男子单打比赛采用五盘三胜制，因此参加比赛的选手需要有着超群的技术和惊人的毅力。

1. 发展历程

1925年，法国网球公开赛成为一项国际性赛事并首次对全世界的网球选手开放。

1928年，比赛场地搬至罗兰·加洛斯球场，这一场地使用了第一次世界大战中法国英雄飞行员罗兰·加洛斯的名字命名，并从此一直作为法国网球公开赛的比赛场地。

1940 年至 1945 年，比赛因第二次世界大战中断。

法国网球公开赛开赛已经超过 100 年了，在过去的 100 余年中，除了两次世界大战被迫停赛 11 年外，其余年份均是每年举行一届。

每年的法国网球公开赛都会有众多著名球员参赛。男子和女子比赛各有 128 名单打选手和 64 对双打组合参赛。比赛组委会也为获胜者准备了丰厚的奖金，2016 年的总奖金达到了 3 201. 75 万欧元。

法网的单打冠军（男子）奖杯是火枪手杯，单打冠军（女子）奖杯是苏珊·朗格朗杯。

2011 年，李娜 2 比 0 力克对手卫冕冠军，是中国选手首夺大满贯单打冠军。

2. 举办特色

法国网球公开赛和温布尔登网球锦标赛一样，由于比赛场地特殊，使所有人在预测冠军的时候都少了几分悬念，少有例外。罗兰加洛斯，是许多顶级高手的滑铁卢，不少大牌球星在另三项大满贯赛事中出尽风头，却苦苦追求法网冠军不得，麦肯罗、贝克尔、桑普拉斯都没能彻底征服红土场，这也造就了红土场的特别之处。

很多法网冠军都无法在其他三项大满贯中夺冠，布鲁格拉、穆斯特、库尔腾、莫亚、科斯塔、张德培、戈麦斯的职业生涯更是只有法网这一座大满贯的奖杯。

在红土场上，大力发球的威力将被大大消减，而发球上网被认为是更疯狂的举动，因为球弹起的速度很慢，对手就有了更多调整的时间，发球上网的桑普拉斯因此在红土场上输得很惨——从 1990 年在美国网球公开赛上获得职业生涯第一个大满贯开始，桑普拉斯获得了 14 个大满贯冠军，但法网一直将他拒之门外。为了法网，桑普拉斯多年来想尽办法，可他在法网上最好的战绩只是在 1996 年，在半决赛中他输给了最后夺冠的卡费尔尼科夫。另一位是休伊特，他 22 岁就收获了美网和温网冠军，但法网的战绩欠佳。

项目	球员	次数	年份
总冠军数量最多的男子球员（1967 年以后）	拉菲尔·纳达尔（西班牙）	12 次	2005—2008、2010—2014、2017—2019（12 个单打冠军）
总冠军数量最多的女子球员（1967 年以后）	玛蒂娜·纳芙拉蒂洛娃（美国）	11 次	1974—1988（2 个单打冠军，7 个双打冠军，2 个混双冠军）
单打冠军数量最多的男子球员（1967 年以后）	拉菲尔·纳达尔（西班牙）	12 次	2005、2006、2007、2008、2010、2011、2012、2013、2014、2017、2018、2019

（续表）

项目	球员	次数	年份
单打冠军数量最多的女子球员（1967 年以后）	克里斯·埃弗特（美国）	7 次	1974、1975、1979、1980、1983、1985、1986
蝉联冠军数量最多的男子球员（1967 年以后）	拉菲尔·纳达尔（西班牙）	5 次	2010、2011、2012、2013、2014
蝉联冠军数量最多的女子球员（1967 年以后）	莫妮卡·塞莱斯（美国）	3 次	1990、1991、1992
	贾斯汀·海宁（比利时）		2005、2006、2007
双打冠军数量最多的男子球员（1967 年以后）	丹尼尔·内斯托（加拿大）	4 次	2007 年与马克·诺尔斯，2010 年与内纳德·泽蒙季奇，2011 年和 2012 年与马克斯·米尔尼
	马克斯·米尔尼（白俄罗斯）		2005 年和 2006 年与乔纳斯·比约克曼，2011 年和 2012 年与丹尼尔·内斯托
双打冠军数量最多的女子球员（1967 年以后）	玛蒂娜·纳芙拉蒂洛娃（美国）	7 次	1975 年与克里斯·埃弗特，1982 年与安娜·史密斯，1984 年、1985 年、1987 年、1988 年与帕姆·施里弗，1986 年与 Andrea Temesvári

3. 关于法网

（1）1989 年的法国网球公开赛，17 岁的美籍亚裔选手张德培爆出了 20 世纪 80 年代最大的冷门。他先后挫败了伦德尔、埃德博格，成为这个公开赛最年轻的单打冠军，也是第一位获此殊荣的亚洲血统选手。

（2）2009 年费德勒勇夺法网冠军，从而成为网球历史上男子选手的第六位全满贯获得者。

（3）在赢得 2011 年法网女单冠军的同时，李娜成为第一位获得大满贯的亚洲选手，同时李娜的世界排名上升至第四位，追平日本选手伊达公子创造的亚洲最好成绩。

（4）2012 年法网结束女单冠军的争夺，俄罗斯美女莎拉波娃夺得冠军，至此她成为网球史上女子选手的第十位全满贯获得者。

（5）2014 年法国网球公开赛，彭帅搭档谢淑薇夺得法网女双冠军，同时是我国选手第一次夺得法网女双冠军。

（6）2016 年法国网球公开赛，德约科维奇第四次冲击火枪手杯，终于如愿以偿，成为历史上第八位、公开赛时代第四位完成生涯全满贯的男选手。

（7）2017 年法国网球公开赛 6 月 11 日迎来压轴大戏男单决赛，来自西班牙的赛会四号种子选手纳达尔直落三盘，以 6∶2、6∶3、6∶1 轻松击败三号种子选手——瑞士名将瓦林卡，捧起个人第十座“火枪手杯”，由此成为公开赛时代首位在一项大满贯赛事中10次夺冠的选手。

年份	法网男单冠军	冠军次数
2020	拉菲尔·纳达尔（西班牙）	13
2019	拉菲尔·纳达尔（西班牙）	12
2018	拉菲尔·纳达尔（西班牙）	11
2017	拉菲尔·纳达尔（西班牙）	10
2016	诺瓦克·德约科维奇（塞尔维亚）	1
2015	斯坦尼斯拉斯·瓦林卡（瑞士）	1
2014	拉菲尔·纳达尔（西班牙）	9
2013	拉菲尔·纳达尔（西班牙）	8
2012	拉菲尔·纳达尔（西班牙）	7
2011	拉菲尔·纳达尔（西班牙）	6
2010	拉菲尔·纳达尔（西班牙）	5
2009	罗杰·费德勒（瑞士）	1
2008	拉菲尔·纳达尔（西班牙）	4
2007	拉菲尔·纳达尔（西班牙）	3
2006	拉菲尔·纳达尔（西班牙）	2
2005	拉菲尔·纳达尔（西班牙）	1
2004	加斯顿·高迪奥（阿根廷）	1
2003	胡安·卡洛斯·费雷罗（西班牙）	1
2002	阿尔伯特·科斯塔（西班牙）	1
2001	古斯塔沃·库尔滕（巴西）	3
2000	古斯塔沃·库尔滕（巴西）	2
1999	安德烈·阿加西（美国）	1
1998	卡洛斯·莫亚（西班牙）	1
1997	古斯塔沃·库尔滕（巴西）	1
1996	叶夫根尼·卡费尔尼科夫（俄罗斯）	1
1995	托马斯·穆斯特（奥地利）	1
1994	塞尔希·布鲁格拉（西班牙）	2
1993	塞尔希·布鲁格拉（西班牙）	1
1992	吉姆·考瑞尔（美国）	2
1991	吉姆·考瑞尔（美国）	1
1990	安德烈斯·戈麦斯（厄瓜多尔）	1

（续表）

年份	法网男单冠军	冠军次数
1989	张德培（美国）	1
1988	马茨·维兰德（瑞典）	3
1987	伊万·伦德尔（捷克斯洛伐克）	3
1986	伊万·伦德尔（捷克斯洛伐克）	2
1985	马茨·维兰德（瑞典）	2
1984	伊万·伦德尔（捷克斯洛伐克）	1
1983	雅尼克·诺阿（法国）	1
1982	马茨·维兰德（瑞典）	1
1981	比约恩·博格（瑞典）	6
1980	比约恩·博格（瑞典）	5
1979	比约恩·博格（瑞典）	4
1978	比约恩·博格（瑞典）	3
1977	吉列尔莫·维拉斯（阿根廷）	1
1976	阿德里亚诺·潘纳塔（意大利）	1
1975	比约恩·博格（瑞典）	2
1974	比约恩·博格（瑞典）	1
1973	伊利耶·纳斯塔斯（罗马尼亚）	1
1972	安德烈斯·吉梅诺（西班牙）	1
1971	扬·科德斯（捷克斯洛伐克）	2
1970	扬·科德斯（捷克斯洛伐克）	1
1969	罗德·拉沃尔（澳大利亚）	1
1968	肯·罗斯维尔（澳大利亚）	1
1967	罗伊·艾默生（澳大利亚）	2
1966	托尼·罗切（澳大利亚）	1
1965	弗雷德·斯托利（澳大利亚）	1
1964	曼努埃尔·桑塔纳（西班牙）	2
1963	罗伊·艾默生（澳大利亚）	1
1962	罗德·拉沃尔（澳大利亚）	1
1961	曼努埃尔·桑塔纳（西班牙）	1
1960	尼科拉·皮特兰奇利（意大利）	2
1959	尼科拉·皮特兰奇利（意大利）	1
1958	莫文·罗斯（澳大利亚）	1

（续表）

年份	法网男单冠军	冠军次数
1957	斯文·戴维森（瑞典）	1
1956	卢·霍德（澳大利亚）	1
1955	托尼·特拉伯特（美国）	2
1954	托尼·特拉伯特（美国）	1
1953	肯·罗斯维尔（澳大利亚）	1
1952	亚罗斯拉夫·德罗布尼（埃及）	2
1951	亚罗斯拉夫·德罗布尼（埃及）	1
1950	移动·帕蒂（美国）	1
1949	弗兰克·帕克（美国）	2
1948	弗兰克·帕克（美国）	1
1947	乔塞夫·阿斯伯特（匈牙利）	1
1946	马塞尔·伯纳德（法国）	1
1939	唐纳德·麦克尼尔（美国）	1
1938	唐·布吉（美国）	1
1937	亨纳·亨克尔（德国）	1
1936	戈特弗里德·冯·克拉姆（德国）	2
1935	弗雷德·佩里（英国）	1
1934	戈特弗里德·冯·克拉姆（德国）	1
1933	杰克·克劳福德（澳大利亚）	1
1932	亨利·科奇特（法国）	5
1931	吉恩·伯勒特拉（法国）	2
1930	亨利·科奇特（法国）	4
1929	勒内·拉科斯特（法国）	3
1928	亨利·科奇特（法国）	3
1927	勒内·拉科斯特（法国）	2
1926	亨利·科奇特（法国）	2
1925	勒内·拉科斯特（法国）	1
1924	吉恩·伯勒特拉（法国）	1
1923	弗朗索瓦·布兰切（法国）	1
1922	亨利·科奇特（法国）	1
1921	吉恩·萨马泽（法国）	1
1920	安德烈·戈贝尔（法国）	2

（续表）

年份	法网男单冠军	冠军次数
1914	马克斯·德坎吉斯（法国）	8
1913	马克斯·德坎吉斯（法国）	7
1912	马克斯·德坎吉斯（法国）	6
1911	安德烈·戈贝尔（法国）	1
1910	莫里斯·杰莫（法国）	3
1909	马克斯·德坎吉斯（法国）	5
1908	马克斯·德坎吉斯（法国）	4
1907	马克斯·德坎吉斯（法国）	3
1906	莫里斯·杰莫（法国）	2
1905	莫里斯·杰莫（法国）	1
1904	马克斯·德坎吉斯（法国）	2
1903	马克斯·德坎吉斯（法国）	1
1902	米歇尔·瓦谢罗特（法国）	1
1901	安德烈·瓦谢罗特（法国）	4
1900	保罗·艾梅（法国）	4
1899	保罗·艾梅（法国）	3
1898	保罗·艾梅（法国）	2
1897	保罗·艾梅（法国）	1
1896	安德烈·瓦谢罗特（法国）	3
1895	安德烈·瓦谢罗特（法国）	2
1894	安德烈·瓦谢罗特（法国）	1
1893	劳伦特·riboulet（法国）	1
1892	吉恩·施普弗（法国）	1
1891	H. 布里格斯（英国）	1

注：1. 1941—1945 年受“二战”时期法国国内局势影响，赛况不被承认，故表中未列。
2. 1915—1919 年、1940 年均未举行法网。

年份	法网女单冠军	冠军次数
2020	伊佳·斯瓦泰克（波兰）	1
2019	阿什格雷·巴蒂（澳大利亚）	1
2018	西蒙娜·哈勒普（罗马尼亚）	1
2017	叶莲娜·奥斯塔彭科（拉脱维亚）	1
2016	加尔比妮·穆古拉扎（西班牙）	1

（续表）

年份	法网女单冠军	冠军次数
2015	塞雷娜·威廉姆斯（美国）	3
2014	玛利亚·莎拉波娃（俄罗斯）	2
2013	塞雷娜·威廉姆斯（美国）	2
2012	玛利亚·莎拉波娃（俄罗斯）	1
2011	李娜（中国）	1
2010	弗朗西斯卡·斯齐亚沃尼（意大利）	1
2009	斯沃特拉娜·库兹涅佐娃（俄罗斯）	1
2008	阿娜·伊万诺维奇（塞尔维亚）	1
2007	贾斯汀·海宁（比利时）	4
2006	贾斯汀·海宁（比利时）	3
2005	贾斯汀·海宁（比利时）	2
2004	阿纳斯塔西娅·米斯金娜（俄罗斯）	1
2003	贾斯汀·海宁（比利时）	1
2002	塞雷娜·威廉姆斯（美国）	1
2001	珍妮弗·卡普里亚蒂（美国）	1
2000	玛丽·皮尔斯（法国）	1
1999	施特菲·格拉芙（德国）	6
1998	阿兰特查·桑切斯·维卡里奥（西班牙）	3
1997	伊娃·马约莉（克罗地亚）	1
1996	施特菲·格拉芙（德国）	5
1995	施特菲·格拉芙（德国）	4
1994	阿兰特查·桑切斯·维卡里奥（西班牙）	2
1993	施特菲·格拉芙（德国）	3
1992	莫妮卡·塞莱斯（美国）	3
1991	莫妮卡·塞莱斯（美国）	2
1990	莫妮卡·塞莱斯（美国）	1
1989	阿兰特查·桑切斯·维卡里奥（西班牙）	1
1988	施特菲·格拉芙（德国）	2
1987	施特菲·格拉芙（德国）	1
1986	克里斯·埃弗特（美国）	7
1985	克里斯·埃弗特（美国）	6
1984	玛蒂娜·纳芙拉蒂洛娃（美国）	2

（续表）

年份	法网女单冠军	冠军次数
1983	克里斯·埃弗特（美国）	5
1982	玛蒂娜·纳芙拉蒂洛娃（美国）	1
1981	哈娜·曼德利科娃（捷克斯洛伐克）	1
1980	克里斯·埃弗特（美国）	4
1979	克里斯·埃弗特（美国）	3
1978	维吉尼亚·卢西奇（罗马尼亚）	1
1977	帕·施里弗（南斯拉夫）	1
1976	苏·巴克尔（英国）	1
1975	克里斯·埃弗特（美国）	2
1974	克里斯·埃弗特（美国）	1
1973	玛格丽特·考特（澳大利亚）	3
1972	比利·简·金（美国）	1
1971	伊文·古拉贡·考利（澳大利亚）	1
1970	玛格丽特·考特（澳大利亚）	2
1969	玛格丽特·考特（澳大利亚）	1
1968	南希·里奇（美国）	1
1967	弗朗索瓦·杜尔（法国）	1
1966	安·琼斯（英国）	2
1965	莱斯莉·特纳（澳大利亚）	2
1964	玛格丽特·考特（澳大利亚）	2
1963	莱斯莉·特纳（澳大利亚）	1
1962	玛格丽特·考特（澳大利亚）	1
1961	安·琼斯（英国）	1
1960	达莲娜·努力（美国）	1
1959	克里斯汀·杜鲁门（英国）	1
1958	叙泽萨·科莫齐（匈牙利）	1
1957	雪莉·布拉舍尔（英国）	1
1956	阿尔萨·吉布森（美国）	1
1955	安吉拉·莫蒂默（英国）	1
1954	莫林·康诺利（美国）	2
1953	莫林·康诺利（美国）	1
1952	多丽丝·哈特（美国）	2

（续表）

年份	法网女单冠军	冠军次数
1951	雪莉・弗里・欧文（美国）	1
1950	多丽丝・哈特（美国）	1
1949	玛格丽特・奥斯本杜邦（美国）	2
1948	纳利・兰德里（法国）	1
1947	帕特里夏・坎宁托德（美国）	1
1946	玛格丽特・奥斯本杜邦（美国）	1
1939	西蒙讷・马修利（法国）	2
1938	西蒙讷・马修利（法国）	1
1937	希尔德・克拉温克尔・斯佩林（德国）	3
1936	希尔德・克拉温克尔・斯佩林（德国）	2
1935	希尔德・克拉温克尔・斯佩林（德国）	1
1934	玛格丽特・斯克里文（英国）	2
1933	玛格丽特・斯克里文（英国）	1
1932	海伦・威尔斯・穆迪（美国）	4
1931	克伊・奥斯森（德国）	1
1930	海伦・威尔斯・穆迪（美国）	3
1929	海伦・威尔斯・穆迪（美国）	2
1928	海伦・威尔斯・穆迪（美国）	1
1927	凯阿・博曼（荷兰）	1
1926	苏珊妮・朗格伦（法国）	6
1925	苏珊妮・朗格伦（法国）	5
1924	朱莉・弗拉斯托（法国）	1
1923	苏珊妮・朗格伦（法国）	4
1922	苏珊妮・朗格伦（法国）	3
1921	苏珊妮・朗格伦（法国）	2
1920	苏珊妮・朗格伦（法国）	1
1914	玛格丽特・布罗克迪斯（法国）	2
1913	玛格丽特・布罗克迪斯（法国）	1
1912	珍妮・马西（法国）	4
1911	珍妮・马西（法国）	3
1910	珍妮・马西（法国）	2
1909	珍妮・马西（法国）	1

（续表）

年份	法网女单冠军	冠军次数
1908	凯特·吉卢（法国）	4
1907	伯爵夫人·科密欧（法国）	1
1906	凯特·吉卢（法国）	3
1905	凯特·吉卢（法国）	2
1904	凯特·吉卢（法国）	1
1903	阿代恩·马松（法国）	5
1902	阿代恩·马松（法国）	4
1901	P. 吉罗德（法国）	1
1900	埃莱娜·普雷沃（法国）	1
1899	阿代恩·马松（法国）	3
1898	阿代恩·马松（法国）	2
1897	阿代恩·马松（法国）	1

注：1. 1941—1945 年受“二战”时期法国国内局势影响，赛况不被承认，故表中未列。
2. 1915—1919 年、1940 年均未举行法网。

（四）温布尔登网球锦标赛

1. 简要介绍

温布尔登网球锦标赛简称“温网”，是一项历史最悠久、最具声望的世界性网球公开赛事，由全英俱乐部和英国草地网球协会于 1877 年创办，举办地在英国伦敦郊区的温布尔登，是网球四大满贯之一。温网是四大满贯税后奖金最少的比赛。

温布尔登网球锦标赛通常于 6 月或 7 月举办，是每年度网球大满贯的第 3 项赛事，排在澳大利亚网球公开赛和法国网球公开赛之后，美国网球公开赛之前，也是四大满贯中唯一的草地比赛。整个赛事通常历时两周，但会因雨延时。男子单打、女子单打、男子双打、女子双打和男女混合双打比赛在不同场地同时进行。温布尔登还举办男子单打、女子单打、男子双打、女子双打的青年比赛。此外，温布尔登还为退役球员举办特别邀请赛。

2020 年 4 月 1 日，全英草地网球俱乐部董事会和温布尔登公开赛组委会宣布，由于新冠疫情持续蔓延所产生的公共卫生和安全问题，2020 年温网比赛正式取消，第 134 届温网计划于 2021 年 6 月 28 日至 7 月 11 日举行。

2020 年 7 月，温网免费发放 1000 万英镑奖金，取消独特的种子排名。

全英草地网球俱乐部是一个私人俱乐部，成立于 1868 年，为全英门球俱乐部，最初的场地位于温布尔登。1875 年，由沃尔特·克洛普顿·温菲尔德设计的一个一年一次的游戏——草地网球，被允许加入俱乐部活动。在 1877 年春天，该俱乐部改名为全英草地网球和门球俱乐部，并举行了第一个草地网球锦标赛——温网，这是四大赛事中最古老的一个。

2. 球场介绍

中心球场是举行决赛的地方，可容纳观众 15 800 人。1 号球场则可容纳观众 11 400 人，2 号球场能容纳观众 4 000 人，3 号球场可以容纳观众 2 000 人。

由于比赛时间适逢伦敦雨季，球场配有可折叠的屋顶，其于 2009 年完工。1 号球场在 1997 年经过一次大型重建，由比邻中心球场的原址搬到了一个新的可容纳更多观众的专用场地。1 号球场通常举办一些非常重要的比赛，如单打的四分之一决赛，它还拥有一座外置的巨大屏幕，用来让聚集在场外穆雷（曾叫“亨曼”）山上观战的球迷欣赏比赛。每年都有成千上万的球迷在这块山坡上为冲击冠军的本土球员加油助威，但是遗憾的是，1936 年以来，英国的男子球员一直没有举起过冠军奖杯。直到 2013 年的温网，英国选手穆雷直落三盘击败了德约科维奇。终于圆了英国人再次称雄的梦。

2 号球场拥有“冠军坟墓”“种子坟场”的称号，因为在此地进行比赛的种子选手通常被排名较低的对手所淘汰。曾经的“受害者”包括安德烈·阿加西、罗杰·费德勒和皮特·桑普拉斯，在 2005 年的第一轮还差点将蒂姆·亨曼拉下水，2013 年温网第二轮，3 号种子选手莎拉波娃也在 2 号球场爆冷不敌世界排名第 131 位的葡萄牙姑娘米歇尔·德布里托。2011 年新的可以容纳 2 000 人的 3 号球场建在了这座老 2 号球场之上。

3. 赛事传统

作为以一个小城市冠名的比赛，温网有着和其他三大满贯不同的传统，绿色和紫色是温网的传统代表色，而参赛的选手须穿着白色的球衣，是四大满贯赛中唯一有规定球员衣着颜色的。此外，女选手在整个赛事中，其姓之前被冠以“小姐”或“夫人”（如主裁判宣报比分时），而男选手则直呼其姓。

比赛于每年 6 月或 7 月举行，历时两周。从传统上讲，赛事中的周日无比赛。第一周内举行第一阶段赛事，而第二周则举行“16 强”、四分之一决赛、半决赛和决赛。

男子单打冠军将获得一座约 45.7 厘米高的镀金奖杯——“挑战者杯”。

女子单打的奖品为一个直径约 48.3 厘米的银盘，通常被称作“Rosewater Dish”或“Venus Rosewater Dish”，中文通译为“玫瑰露水盘”。

温网和法网的男子冠军奖金比女子冠军奖金多；而在美网和澳网中，男女奖金则是相同的。但从 2007 年开始，男女单打实行同工同酬，当年女单冠军大威廉姆斯与男单冠军费德勒获得了相同数量的奖金。

对于比赛观众，草莓配奶油是他们在观看比赛期间的传统零食。此外，对于观众着装规定虽然已经有所减少，但是比赛时男性观众依然不能穿着短裤，女性则不能戴帽子。

英国郁郁葱葱的草地是近代网球的发源地，温布尔登网球锦标赛在四大满贯中历史最悠久。温网的历史让其特别有厚重感，与其他网球赛事相比，温网的特色非常明显。

4. 赛事特色

（1）种子排位

和其他三项大满贯不一样，温网可以不完全按照世界排名来定种子排位，因为这项赛事是由一个私人俱乐部在经营。从 2001 年开始，温网的种子排位就由其独立委员会决定。他们将参考这些球员过去几年的草地表现，再根据其世界排名的高低排出种子位置。

这个特殊的计算方式是：以温网开始前一周的世界排名积分作为基础，另外再加上过去 12 个月的所有草地赛事的积分以及此前的 12 个月中最好的草地赛事积分的 75%。考虑到每个赛季的草地赛事数量有限，因此这个方式也能照顾那些擅长在草地作战的球员。另外这个温网种子排位计算公式，同时也提高了女王杯、纽波特、海尔托亨博思等草地赛事的重要性。因为在这些赛事每一场胜利，都可能帮助球员在全英俱乐部获得更好的种子排位。也正是由于这个特殊性，2010 年温网开赛前当时世界排名跌至第二位的费德勒仍然可以力压当时世界排名第一的纳达尔成为头号种子。小威廉姆斯在 2011 年世界排名一度跌至第 26 位，但仍以 7 号种子的身份征战温网。

（2）天气

正如费德勒所说的“下雨已成为温网的一部分”，雨中的温网有着它独特的魅力。在温网 100 多年的历史上，曾经有 30 个比赛日因为下雨一场也打不成。1922 年，温网开始在教堂路的女王俱乐部举行，此后有 16 届比赛在两周内未能完赛，只好拖延到第 3 周。

如果在温布尔登公开赛中下几场雨，没人会觉得新鲜，但要是哪届温布尔登没下雨，人们倒要感到奇怪了，因为 6 月原本就是伦敦的雨季。

（3）“几乎全白”的网球服

温网一直保留着一个传统的规定：一律要求球员穿着白色网球服以表示对英国王室的尊重。温网组委会要求选手必须身穿“几乎全白”的传统运动服，这曾经让很多前卫青年非常反感。前金满贯得主阿加西就曾抵制过这一规定，但当他捧起温网冠军时，他仍然乖乖地穿上了白色运动服。

（4）零广告

和法网、美网铺天盖地的广告不同，除了几大主要赞助商外，温网的主赛场几乎一直不变，从外观来看，和 100 多年前的温布尔登球场没有明显改变。

在英国人看来，打真正的网球就是真正的纯白，不需要掺杂任何的装饰，不需要加入商业的推动，不需要广告牌。

（5）奖金

2018 年温布尔登网球锦标赛的总奖金为 3 400 万英镑，比 2017 年提升 7.5%。其中单打冠军奖金提升到 225 万英镑。2018 年温网赛事奖金和积分明细分别见下表。

单位：英镑

轮次	单打	双打	混合双打
冠军	225 万	45 万	11 万
亚军	112.5 万	22.5 万	5.5 万
半决赛	56.2 万	11.2 万	2.75 万
1/4 决赛	28.1 万	5.6 万	1.375 万
第四轮	16.3 万	—	—
第三轮	10 万	2.9 万	6 500
第二轮	6.3 万	1.775 万	3 250
第一轮	3.9 万	1.15 万	1 625
资格赛第三轮	1.95 万	—	—
资格赛第二轮	9 750	—	—
资格赛第一轮	4 875	—	—

单位：分

轮次	男子单打	男子双打	女子单打	女子双打
冠军	2 000	2 000	2 000	2 000
亚军	1 200	1 200	1300	1 300
半决赛	720	720	780	780
1/4 决赛	360	360	430	430

（续表）

轮次	男子单打	男子双打	女子单打	女子双打
第四轮	180	—	240	—
第三轮	90	180	130	240
第二轮	45	90	70	130
第一轮	10	0	10	10

5. 夺冠排名

下表分别列出了公开赛时代以来的温布尔登网球锦标赛男子和女子单打夺冠次数排名。

姓名	次数	年份
罗杰·费德勒	8	2003、2004、2005、2006、2007、2009、2012、2017
皮特·桑普拉斯	7	1993、1994、1995、1997、1998、1999、2000
比约恩·博格	5	1976、1977、1978、1979、1980
诺瓦克·德约科维奇	5	2011、2014、2015、2018、2019
约翰·麦肯罗	3	1981、1983、1984
鲍里斯·贝克尔	3	1985、1986、1989
拉菲尔·纳达尔	2	2008、2010

姓名	次数	年份
玛蒂娜·纳芙拉蒂洛娃	9	1978、1979、1982、1983、1984、1985、1986、1987、1990
施特菲·格拉芙	7	1988、1989、1991、1992、1993、1995、1996
塞雷娜·威廉姆斯	7	2002、2003、2009、2010、2012、2015、2016
维纳斯·威廉姆斯	5	2000、2001、2005、2007、2008
比利·简·金	4	1968、1972、1973、1975
克里斯·埃弗特	3	1974、1976、1981

历史上耗时最长的男单赛事，在 2010 年温网的 18 号球场，首轮美国人伊斯内尔对阵法国人马胡的比赛中产生，历经三天鏖战，耗时 11 小时 5 分钟，23 号种子选手伊斯内尔最终在自己的第 5 个赛点上赢下比赛，最终比分为 6∶4，3∶6，6∶7（7），7∶6（3），70∶68，这场比赛成为温网历史之最的同时，也成为网球历史上耗时最长的比赛。

下表列出了公开赛时代温网各项冠军数量历史之最。

项目	球员	次数	年份
总冠军数量最多的男子球员	托德·伍德布里奇（澳大利亚）	10次	1993—2004（9个双打冠军，1个混双冠军）
总冠军数量最多的女子球员	比利·简·金（美国）	20次	1961—1979（6个单打冠军，10个双打冠军，4个混双冠军）
	玛蒂娜·纳芙拉蒂洛娃（美国）		1976—2003（9个单打冠军，7个双打冠军，4个混双冠军）
单打冠军数量最多的男子球员	罗杰·费德勒（瑞士）	8次	2003、2004、2005、2006、2007、2009、2012、2017
单打冠军数量最多的女子球员	玛蒂娜·纳芙拉蒂洛娃（美国）	9次	1978、1979、1982、1983、1984、1985、1986、1987、1990
蝉联冠军数量最多的男子球员	比约恩·博格（瑞典）	5次	1976、1977、1978、1979、1980
	罗杰·费德勒（瑞士）		2003、2004、2005、2006、2007
蝉联冠军数量最多的女子球员	玛蒂娜·纳芙拉蒂洛娃（美国）	6次	1982、1983、1984、1985、1986、1987
双打冠军数量最多的男子球员	托德·伍德布里奇（澳大利亚）	9次	1993、1994、1995、1996、1997、2000（与马克·伍德福德）、2002、2003、2004（与乔纳斯·比约克曼）
双打冠军数量最多的女子球员	玛蒂娜·纳芙拉蒂洛娃（美国）	7次	1976（与克里斯·埃弗特）、1979（与比利·简·金）、1981、1982、1983、1984、1986（与帕姆·施里弗）

（五）美国网球公开赛

1. 简要介绍

美国网球公开赛简称美网，是每年度第4项也是最后一项网球大满贯赛事，通常在美国纽约每年8月底至9月初举行，赛事共分为男子单打、女子单打、男子双打、女子双打和男女混合双打五项，并且也有青少年组的比赛。自1978年开始赛事在纽约国家网球中心举行。男、女单打的冠军都可获得高达370万美元的奖金。2020年美国网球公开赛于8月31日到9月13日在纽约市皇后区举行，但比赛现场禁止观众入内，民众可通过电视转播观看比赛。

2. 赛事设置

美国网球公开赛一共包含五个单项，即男子单打、女子单打、女子双打、男子双打和混合双打，值得一提的是混合双打是20世纪初叶时由男子单打表演项目演变而来的。第一届美国男子网球锦标赛于1881年8月在美国罗得岛的纽波特的娱乐场（Newport Casino）举行，当时只有美国国家网球协会的会员才可以参加，从那时起纽波特作为网球中心连续举办了34年的网球赛。

男子双打的比赛在前6年（1881—1886）是与男子单打一起进行的，事实上美国网球锦标赛即美国网球公开赛在历史上曾9次在不同地点举办，其中就包括美国网球协会的国家网球中心。

1887年，也就是男子锦标赛作为每年一次的赛事规范的6年后，第一届官方组织的美国女子单打锦标赛在费城的板球俱乐部举行，1889年女子双打也成为这项比赛的一个项目。在美国网球公开赛的所有五个单项中，女子单打的比赛场地是最稳定的一个——只在三个地点举办过：费城、西边网球俱乐部和美国网球中心。

全美混合双打锦标赛官方的正式开始时间为1892年，当时是与女子单打和双打一同进行的。直到1921年，混双与美国网球锦标赛的男子双打一同进行。

从1968年开始，在纽约森林山举行的集美国五项主要网球锦标赛为一体的美国网球锦标赛被列为正式公开赛。那一年的总奖金为10万美元，共有96名男选手和63名女选手参加了男子和女子项目的比赛。（混双在1968年没有列为比赛项目。）

美国网球公开赛的影响虽比不上温布尔登，却高于澳大利亚甚至法国公开赛。开始名为“全美冠军赛”，那只是由业余选手参赛的一项锦标赛。经过组委会的不懈努力，美网才从业余赛事发展到世界上奖金最丰厚的大满贯赛事。每年夏天在美国国家网球中心进行的美国网球公开赛都能吸引超过50万的球迷到现场观看。

3. 历届冠军

公开赛时代以来，约翰·麦肯罗曾于1979—1981年创下三连冠的纪录，伦德尔自1985年至1987年创下三连冠的纪录，桑普拉斯曾在这里取得过五次冠军。费德勒是自1924年比尔·蒂尔登之后首位在美网取得五连冠的男子选手。

公开赛时代以来，“冰美人”克里斯·埃弗特，这位美国名将曾经取得过四连冠（1975年、1976年、1977年、1978年），并以六次冠军傲视群芳，德国女皇史蒂芬·格拉芙也曾五次夺冠，威廉姆斯姐妹自1999年至2014年这15年间共获得八次冠军，可谓占据了半壁江山。

项目	球员	次数
总冠军数量最多的男子球员	比尔·蒂尔登（美国）	16次
总冠军数量最多的女子球员	玛格里特·奥斯本·杜邦（美国）	25次
单打冠军数量最多的男子球员	理查德·希尔斯、威廉姆·拉那德、比尔·蒂尔登（美国）	7次
单打冠军数量最多的女子球员	摩拉·莫洛里（美国）	8次

（续表）

项目	球员	次数
蝉联冠军数量最多的男子球员	理查德·希尔斯（美国）	7次
蝉联冠军数量最多的女子球员	摩拉·莫洛里、克里斯·埃弗特（美国）	4次
双打冠军数量最多的男子球员	比尔·蒂尔登（美国）	5次
双打冠军数量最多的女子球员	玛格里特·奥斯本·杜邦（美国）	13次

美国公开赛的首届比赛于1881年在罗得岛新港举行，当时只是国内赛事，而且只有男子单打，通常在8—9月间举行，以后每年一届。后来为了追求更多的娱乐因素，才增加了女单、男双、女双、混双四个项目。女子比赛始于1887年。1968年起美网正式被列为四大公开赛之一，设有5个单项比赛，是每年四大公开赛中最后举行的大赛。1915年起移至纽约林山进行比赛，1970年改名为全美公开赛。美网历史上第一个男单冠军被纽波特俱乐部的卡西诺获得，当时只有在美国国家网球联合会注册的俱乐部才有资格参加美网。

美国网球公开赛起初是由两项不同的赛事而来：男子赛事和女子赛事。第一届比赛（仅男子比赛）于1881年8月首次于美国罗得岛的纽波特的娱乐场举办，赛事名称为美国男子网球锦标赛，只有属于美国国家草地网球协会会员的俱乐部能获准参加比赛。

1900年美国男子双打锦标赛首次举办。比赛分别在美国东、西部举行，以角逐出最佳的队伍（地区冠军）。而后这些队伍将参加附加赛，获胜者将可和卫冕冠军进行比赛。

在男子赛事举办了6年之后，第一届美国女子单打锦标赛于1887年在费城的板球俱乐部举行，之后又于1889年举办了美国女子双打锦标赛。首次的全美混合双打锦标赛也伴随着女子单打和双打而展开。

1968年“开放年代”开始时，上述五项赛事合并成为“美国公开赛”，比赛于纽约市森林山的西边网球俱乐部举行。从1968年开始，这项赛事开放给所有的职业选手参加。当年有96名男子选手和63名女子选手参赛，总奖金为10万美元。1978年，比赛场地从森林山移至现今位于法拉盛的场地（美国国家网球中心）。

4. 比赛场地

主要球场为有2.3万个座位的阿瑟·阿什球场，以1968年赢得男子单打冠军的著名非洲裔美国网球选手阿瑟·阿什命名。阿瑟·阿什在1993年死于艾滋病，原因为他在接受心脏手术时因输血而感染。2号球场路易斯·阿姆斯特朗球场在阿瑟·阿什球场落成前为主要球场。所有球场均为硬地球场。

美国网球公开赛有一个独特的地方，就是它是仅有的大满贯赛事在大部分球场设有照明设备。这意味着电视转播能够延伸到晚上的黄金时段以增加收视率。因此女单决赛由星期六下午移至晚上，就是为了能有更好的收视率。

在2005年，美国公开赛和所有的美国公开赛系列赛的球场都采用蓝色内场和绿色外场以显示同一性，并为了更容易看清楚球。这项改变使得球员和观众都有了各式各样的反应。很多球员说，蓝色的场地并不能使球看得更清晰。

2016年起，斥资1.5亿美元、面积为25 120平方米的阿瑟·阿什球场顶棚将正式投入使用，从而能确保美网的中央球场赛事不会再因为下雨而无法进行。当下雨的时候，顶棚只需要不到6分钟就能完全闭合，而制冷系统会立刻启动，使场内保持合适的温度和湿度。

5. 比赛奖金

美国是一个高度商业化社会，因此，它的职业网球商业化程度绝不亚于职业拳击。获美国男、女单打冠军者均可得190万美元。而总奖金是“四大公开赛”中最高的，奖金总额高达600多万美元。由于美国网球公开赛的地位和高额奖金，以及中速硬地场地，吸引了众多好手参加。据世界网球杂志统计，1989年美国公开赛涉及的金钱往来总额高达1亿美元。

美国网球协会公布的2013年度美国网球公开赛奖金额度，相比2012年，各个级别奖金均有大幅度提升。2013年赛事的总奖金为3 430万美元，比2012年增长35%，其中男、女单打冠军将分别获取260万美元，相比2012年的190万美元增加了70万美元。单打亚军选手将得到130万美元，四强选手将得到65万美元，八强选手将得到32.5万美元，即便首轮被淘汰出局，选手依然可以拿到3.2万美元的奖金。与此同时，2012年双打选手的奖金也比上一年提高了13%。随着选手们增加奖金的呼声越来越高，2013年度的四大满贯赛事奖金均较2012年有大幅度提升，如温网单打冠军奖金就从2012年的175万美元上升到了2013年的240万美元。

6. 美网系列赛

与其他三项大满贯不同的是，为了鼓励球员参赛，美网组委会在2004年创办了美网系列赛，以2010年的美网系列赛为例，美网系列赛由六站ATP赛事和五站WTA赛事组成，ATP赛事则比WTA赛事早一周进入美网系列赛时间。2010年的美网系列赛由7月19日开赛的亚特兰大网球冠军赛开始，连续六周，直到8月30日迎来美国网球公开赛的到来。其中ATP1000赛罗杰斯杯和辛辛那提大师赛（WTA 中这两项赛事是“超五赛”）为重点赛事，在此两项赛事中取得好的成绩，会获得更高的赛事奖金、世界积分、美网系列赛积分，甚至在美网中拿到额外的奖金。

下表列出了美网系列赛赛程。

时间	ATP	WTA
第一周	ATP250 赛　亚特兰大网球冠军赛	—
第二周	ATP250 赛　洛杉矶公开赛	顶级巡回赛　西部银行精英赛（斯坦福）
第三周	ATP500 赛　雷格梅森精英赛（华盛顿）	顶级巡回赛　水星保险公开赛（圣迭戈）
第四周	ATP1000 赛　罗杰斯杯（多伦多大师赛）	顶级巡回赛　西南财团女子公开赛（辛辛那提）
第五周	ATP1000 赛　西南财团大师赛（辛辛那提）	顶级巡回赛　罗杰斯杯（蒙特利尔）
第六周	ATP250 赛　耶鲁大学百乐笔赛（纽黑文）（Pilot Pen 巡回赛）	顶级巡回赛　耶鲁大学百乐笔赛（纽黑文）（Pilot Pen 巡回赛）

下表列出了美网系列赛积分规则。

赛事	冠军	亚军	四强	八强	十六强
ATP 大师赛，WTA 超五赛	100	70	45	25	15
ATP500 赛、250 赛，WTA 顶级赛	70	45	25	15	—

以 ATP 赛事为例，1000 赛、500 赛和 250 赛的冠军积分分别对应 1000、500 和 250，而各级别的亚军、四强、八强积分分别为该级别冠军积分的 60%、36% 和 18%。再对比美网系列赛的积分规则，不难看出这样设置的目的就是鼓励参赛，当小比赛引来了大明星，收视率、赞助费等自然也水涨船高。

下表列出了美网系列赛前三名美网追加奖金分配情况。

单位：美元

排名	第一名	第二名	第三名
冠军	100 万	50 万	25 万
亚军	50 万	25 万	12. 5 万
四强	25 万	12. 5 万	6. 25 万
八强	12. 5 万	6. 25 万	3. 125 万
十六强	7 万	3. 5 万	1. 75 万
第三轮	4 万	2 万	1 万
第二轮	2. 5 万	1. 25 万	0. 625 万
第一轮	1. 5 万	0. 75 万	0. 375 万

通过奖金的分配情况也不难看出美网系列赛鼓励参赛的目的，只有系列赛积分前三名并参加至少两项美网系列赛的选手才有资格在美网获得追加奖金，而只要进入前三名，哪怕你美网首轮出局，也会有追加奖金作为安慰。大牌球星为了把状态留到美网而有节制地参加比赛，使得真正实现了美网系列赛 + 美网双冠，拿到巨额奖金的只有 2007 年的费德勒和 2005 年、2010 年的克里斯特尔斯以及 2013 年的小威廉姆斯和纳达尔。

第二节　团体赛事介绍

一、戴维斯杯团体赛

戴维斯杯团体赛（Davis Cup）简称戴维斯杯，为世界上极受瞩目的国家对国家的男子网球团体赛事，是国际网球联合会所负责组织的赛事。赛事于一年中分散的数个星期、于许多地点举行，每年产生一个戴维斯杯总冠军。

（一）赛事介绍

因系美国人戴维斯倡议举办，并捐赠银质奖杯授予冠军队，故名戴维斯杯。戴维斯杯网球锦标赛是国际网球联合会主办的国际男子网球团体赛。每年举行一次，比赛采取分为两级的升降级比赛的办法。第一级称世界组，由 16 个队参加，成员是前一年比赛的前 12 名和四个分区赛（即第二级的四个区的比赛）的第一名，这一级的冠军队即获奖杯；第二级分欧洲 A 区、欧洲 B 区、美洲区和东方区四个区比赛，获得各区第一名的可参加下一年第一级的比赛。

1900 年第 1 届比赛在美国波士顿举办，美国队夺得冠军。2000 年，在戴维斯杯举办 100 周年之际，有 129 个国家参与竞争。2006 年时共有 133 个国家参赛，而 2007 年则共有 137 个国家参赛。到 2017 年，戴维斯杯实际举办了 106 届（因战事停办 12 届）。

（二）发展历程

在 1899 年时，美国哈佛大学的四个网球队成员提出与英国进行网球赛的构想，这四人中的其中一人德怀特 · F. 戴维斯策划了比赛的赛制并且自己出钱买了奖杯。

1900 年，第一场戴维斯杯比赛于美国波士顿举行，之后逐渐发展成有全世界大量国家参加的比赛。举行的首场比赛中，美国和英国之间的（最初竞相使用的名称“不列颠群岛”）比赛于 1900 年在马萨诸塞州的波士顿举行，英国队获得前三场胜利。次年，两国没有竞争，但美国在 1902 年赢得下一场比赛。

初次比赛最初名为“国际网球挑战赛”，它很快就成为众所周知的戴维斯杯——德怀特·戴维斯的奖杯。

从 1950 年到 1967 年，澳大利亚在竞争中占主导地位，18 年中赢得了 15 次戴维斯杯。

直到 1973 年，赢得戴维斯杯的只有美国、英国/不列颠群岛、法国和澳大利亚/澳大拉西亚。

1989 年，抢七被引入戴维斯杯的比赛。

1923 年开始，世界的网球队被分成两个区域：“美国区”和“欧洲区”。两区的获奖者举行区域间的比赛，决定挑战卫冕冠军的球队。

1955 年增加了第三区——“东部区”。

1972 年开始，挑战杯改变赛制，卫冕冠军需要在所有轮比赛中竞争，并且被授予戴维斯杯赛事的冠军。

1981 年，分层系统被创建，一直沿用至今，并在其中的 16 个最好的国家代表队争夺世界组和所有其他国家队参加的四组中的三个区域之一。

（三）赛制介绍

戴维斯杯将全世界参赛的国家分成世界组（为最高层级）以及三个区域组：欧洲非洲区域组、美洲区域组、亚洲及大洋洲区域组。各区域又分成四个层级。在一年中，同一个层级的国家相互比赛，其中最终胜出的数个国家于次年在所属区域组中晋升一个层级，而最终落败的数个国家则在次年降一个层级。但有两种情形例外：第一，第四级的国家不会再降级了，因为已经是最低层级；第二，各地区第一级最后获得优胜的八个国家（欧洲非洲地区取四个名额、美洲地区取两个名额、亚洲及大洋洲区域取两个名额）和世界组中第一轮落败的八个国家进行世界组升降赛。在世界组升降赛中，获胜的国家次年可进入世界组，落败的国家次年则回到各区域组的第一级。每轮比赛前由每个队长选出本国的四名球员，并决定他们将要打何种比赛。第一天的比赛的顺序是随机抽取。过去，只有在受伤或生病的情况下，由医生验证后才能使用替补球员，但目前的规则允许队长在最后两场重新选定单打球员，只要比赛双方不和第一天重复即可。对球员的比赛类型没有限制，但一般来说选定的四名球员组合应该是：两个单打选手，另外两名球员通常是双打专家或组合。

戴维斯杯每场比赛采用的是五盘三胜制，决胜盘实行长盘制，没有抢七。但如果一方球队已经率先赢下三场比赛获得晋级资格后，余下的比赛将变成三盘两胜制，决胜盘实行抢七制。

五场比赛分别是：第一天两场比赛是由双方的头号单打和二号单打相互对战；第二天是双方的双打比赛；第三天则是头号男单之间先比赛，接着是二号男单之间的比赛。

	↑↓		↑↓		↑↓
欧洲非洲区域组	第一级	美洲区域组	第一级	亚洲及大洋洲区域组	第一级
	↑↓		↑↓		↑↓
	第二级		第二级		第二级
	↑↓		↑↓		↑↓
	第三级		第三级		第三级
	↑↓		↑↓		↑↓
	第四级		第四级		第四级

1. 世界组与各区域组第一、二级

世界组有 16 个国家，赛制采用单淘汰制，胜出的国家晋级至下一轮。最终胜出的国家即为该年的戴维斯杯总冠军。第一轮落败的八个国家则进入世界组升降赛。在时间方面，第一轮在 2—3 月举行，四分之一决赛在 4—7 月举行，半决赛约在 9 月举行，决赛在 11—12 月举行。各区域组第一、二级的赛制亦采用单淘汰制，胜出的国家晋级至下一轮。第一轮落败的国家则进入资格保卫赛。在资格保卫赛中，落败的国家进入下一轮，最终落败的国家在次年降一个层级。在世界组与各区域组第一、二级，当两个国家相互比赛时，举行四场单打和一场双打比赛，共五场比赛（通常是星期五进行两场单打比赛，星期六进行双打比赛，星期日进行两场单打比赛），取得其中三场比赛胜利的国家胜出，五场比赛皆须进行；若于第五场比赛前分出胜负，剩余比赛改为三盘两胜制。赛事举行的地点在其中的一个国家内举行（等到下次这两个国家恰巧又相遇时，则轮至另一个国家举行）。负责举行的国家拥有选择比赛的地点、球场种类以及比赛时多数观众为其加油的优势，一般称为具有“主场优势”。

2. 各区域组第三、四级

各区域组第三、四级的赛制则采用分组循环赛。大致上，同区域组同级的国家群在同一期间、地点进行赛事，但也有例外。两个相遇的国家之间以三场比赛定胜负（两场单打和一场双打）。

第七章　积分排名体系介绍

第一节　ATP 介 绍

一、ATP 世界排名体系

ATP 在 1973 年引入电脑排名（WTA 为 1975 年）以来，经过 40 多年的发展和完善，职业网坛已经拥有一套相当成熟的积分排名体系。

二、ATP 积分规则

本周积分 = 上周世界积分 + 上周获得积分 - 去年上周同时期所获积分（不是同站比赛积分）。

三、积分构成

（一）上赛季年终排名 TOP30 选手的积分构成

1. 4 个大满贯 + 8 个强制 1000 赛 + 6 个最好成绩（赛事包括 500 分赛、250 分赛、奥运会、戴维斯杯及挑战赛；但 500 分赛必须至少参加 4 站，且其中一站必须在美网后） + 年终总决赛（未参加则不计）。

2. 大满贯 + 8 个强制 1000 赛不参加的比赛，强制计 0 分。

（二）上赛季年终排名 TOP30 以外选手的积分构成

积分最多的 18 站比赛成绩之和，这 18 站比赛级别没有限制，但大满贯和 1000 赛只要参加的，所获得积分就要计入世界积分，不能被其他更多的低级别赛事积分代替。

四、重要说明

1. 从赛事积分表中可以看出大满贯和大师赛即使首轮出局也可以拿到 10 积分，但是外卡选手强制 0 分。

2. 从 2016 年里约奥运会开始，球员参加奥运会将不再获得排名积分；从 2016 年开始，球员参加戴维斯杯将不再获得排名积分。

3. 针对上赛季年终 TOP30 选手

（1）8 站强制 1000 赛非伤病原因缺席，除了缺席这站比赛 0 分计入外，其他 1000 赛中积分最高的那站比赛下一个赛季会被禁赛。

ATP1000 大师赛强制参赛豁免条款：

① 2017 年 1 月 1 日之前年满 30 岁；

② 进入 ATP 职业赛季达到 12 年；

③ 职业生涯累计参赛数量达到 600 场。

以上每达到一条就可以减免一站强制参赛，如果三条都满足将不受强制参赛的限制。要求职业赛季第一年为开始参加 ATP 巡回赛的年份，并且这一年至少参加了 12 站比赛。

（2）蒙特卡洛也是 1000 赛，非强制参赛，也就是 TOP30 不参加的话，蒙特卡洛就不会出现在世界积分中；而其他 8 站强制参赛的 1000 赛，不参加将以 0 分计入成绩，不能被任何其他赛事积分代替。

（3）500 赛事 TOP30 全年参赛不满四站，强行加入所差比赛数量的 500 赛事，并以 0 分计入成绩，但是参加 500 赛事满四站，并不意味着这四站会全部计入成绩，而是要看这些赛事的积分在不在 6 个最好成绩之内，否则不会计入。

第二节　WTA 介 绍

一、WTA 世界排名体系

WTA 在 1975 年引入电脑排名（ATP 为 1973 年）以来，经过 40 多年的发展和完善，职业网坛已经拥有一套成熟的积分排名体系。

二、WTA 积分规则

本周积分（16 站积分）= 上周世界积分 + 上周获得积分 − 去年上周同时期所获积分（不是同站比赛积分）。

三、积分构成

（一）上赛季年终排名 TOP20 选手的积分构成

1. 4 个大满贯 + 4 个强制顶级赛（皇冠赛）+ 2 个最好超五顶级赛 + 6 个最

好的其他赛事积分。

2. 4 个大满贯 + 4 个皇冠赛 + 2 个超五赛为 TOP20 强制参赛指标，每缺一项则强制计一个 0 分。

3. 上赛季年终 TOP10 每年必须承诺参加 5 项超五赛事中的 4 项，且不能连续两年缺席同一项赛事。如果缺席承诺赛事，则每缺一项强制计一个 0 分。

4. 上赛季年终 TOP10 每年必须参加至少两项顶级赛，否则每缺一项强制计一个 0 分。

5. 上赛季年终 TOP10 每年只允许参加 2 项国际赛，且上下半年各一场，以温网作为分界线。

（二）上赛季入围年终赛的 TOP20 选手的积分构成

1. 入围大年终强制计分，但不占用 16 个赛事名额，即共有 17 站赛事的积分：4 个大满贯 + 4 个强制顶级赛（皇冠赛） + 大年终赛 + 2 个最好超五顶级赛 + 6 个最好的其他赛事积分。

2. 入围小年终强制计分，退赛则强制计 0：

4 个大满贯 + 4 个皇冠赛 + 小年终赛 + 2 个最好超五顶级赛 + 5 个最好的其他赛事积分。

3. 以普利斯科娃为例（截至 2017 年 7 月 24 日）：

目前排名第 1 位，积分构成：4 个大满贯（澳网 430、法网 780、温网 70、美网 1300） + 4 个大皇冠（印第安维尔斯 390、迈阿密 390、马德里 65、北京 120） + 大年终赛（新加坡 500） + 2 个最好超五顶级赛（辛辛那提 390、罗马 190） + 6 个最好的其他赛事积分（多哈 470、伊斯特本 470、布里斯班 470、武汉 105、蒙特利尔 105、斯图加特 100） = 6 855。起计分为：100。

4. 以沃兹尼亚奇为例（截至 2017 年 7 月 24 日）：

目前排名第 6 位，积分构成：4 个大满贯（澳网 130、法网 430、温网 240、美网 780） + 4 个大皇冠（印第安维尔斯 215、迈阿密 650、马德里 65、北京 120） + 小年终赛（珠海 0） + 2 个最好超五顶级赛（迪拜 585、武汉 105） + 5 个最好的其他赛事积分（东京 470、伊斯特本 305、多哈 305、香港 280、查尔斯顿 100） = 4 780。起计分为：100。

（三）上赛季 TOP20 以外选手的积分构成

1. 4 个大满贯 + 4 个强制顶级赛（皇冠赛） + 8 个最好的其他赛事积分。

2. 如果入围年终赛（大年终或小年终），积分构成为：

4 个大满贯 + 4 个皇冠赛 + 大年终赛 + 8 个最好的其他赛事积分；4 个大满贯

+4 个皇冠赛 + 小年终赛 + 7 个最好的其他赛事积分。

3. 4 个大满贯 + 4 个皇冠赛 + 年终赛为强制参赛指标，一旦入围则强制计入积分，退赛则会被强制计 0。

4. 如果球员没能入围 4 个大满贯及 4 个皇冠赛正赛，缺几个则由其他赛事的最好成绩替补进入积分构成。

以张帅为例（截至 2017 年 7 月 24 日）：

目前排名第 28 位，积分构成：4 个大满贯（澳网 70、法网 130、温网 10、美网 130）+4 个大皇冠（印第安维尔斯 10、迈阿密 65、马德里 10、北京 215）+ 小年终赛（珠海 240）+7 个最好的其他赛事积分（ITF 阿斯塔纳 150、ITF 东京 140、东京国际 110、首尔 110、多哈 100、檀香山 95、武汉 60）=1 645。起计分为：60。

以彭帅为例（截至 2017 年 7 月 24 日）：

目前排名第 32 位，积分构成：4 个大满贯（澳网 70、法网 10、温网 130、美网 10）+4 个大皇冠（印第安维尔斯 150、迈阿密 65、马德里 10、北京 65）+8 个最好的其他赛事积分（天津 280、台北 180、ITF 深圳 140、斯特拉斯堡 110、迪拜 105、郑州 95、伊斯特本 55、ITF 东京 50）=1 525。起计分为：50。

以韩馨蕴为例（截至 2017 年 7 月 24 日）：

目前排名第 126 位，积分构成：3 个大满贯（澳网 10、温网 10、美网 30）+1 个大皇冠（北京 20）+12 个最好的其他赛事积分（吉隆坡 110、天津 60、大连 57、ITF 奈曼 50、南昌 30、ITF 安宁 28、ITF 南宁 18、ITF 朗塞斯顿 15、ITF 泉州 8、ITF 伯尼 8、ITF 武汉 8、ITF 奈曼 5）=467。起计分为：5。（注：法网和马德里参加了资格赛，未入正赛签表，所以不强制计入。）

四、重要说明

从 2016 年里约奥运会开始，球员参加奥运会将不再获得排名积分；球员参加联合会杯也不会获得排名积分。

WTA 规定冠军排名前八（或者前七 + 当年拿大满贯但是排名没进入前八）的球员必须参加年终总决赛，如退赛则会被强制计一项 0 分。

WTA 规定冠军排名第 9—19 位的球员及 1 名外卡球员强制参加小年终赛，即珠海精英赛，如退赛则会被强制计一项 0 分。但是参加了大年终赛的球员不包括在内，排名顺延。

上一赛季年终 TOP10 的附属条件：（A）年龄不够 17 周岁，不被视为

TOP10，TOP10名单顺延（估计现在很难看到）；（B）连续因伤病缺席两个赛事，通知WTA至少8周不比赛，退役或被禁赛，也不被视为TOP10。（有一年德蒙蒂耶娃退役，排名年终第11位的李娜进入TOP10球员名单，同样李娜退役那年，齐布尔科娃进入TOP10。）

对于4个大满贯、4个皇冠赛及大小年终10个强制赛，只要球员应该出现在正赛签表，就要强计。这里的“应该”有多种可能，比如排名够进，资格赛突围，（幸运输球者）外卡，等等。

上一赛季TOP20在参加的所有超五里，强制计入成绩最好的两个，TOP20无须承诺超五参赛，超五随便参加，如果球员没参加超五，自然无须强记。

老将条款：当赛季元旦那天，年满30岁的上赛季年终TOP10，可以主动放弃TOP10身份待遇，只需要参加四大满贯和四项强制的皇冠赛事。这种精简赛事的方式，更有利于“高龄”球员在大赛上集中精力，但同时意味着放弃年终分红。世界前十选手如果强制赛事全部参加的话，能在年底收到几十万美元的分红。

起计分与保分：起计分就是排在最后的积分项，如果想要提高积分，就必须参加除了已经计入积分构成中的强制赛之外的赛事，而且还需得到超过现起计分的积分，才可能把起计分替换。如果参加了其他强制赛所得积分比当前起计分还低，那在替换起计分的同时总积分减少，起计分变成之前倒数第二个积分项。所以说保分的概念除了强制计分赛以外，仅对高于起记分的赛事而言有意义。网球采用的是保分制（算过去一年的总得分）。

第二篇

网球基本技术及常见战术介绍

第一章　网球基本技术

第一节　熟悉球性和球感练习的意义及练习方法

一、熟悉球性和球感

网球运动项目是一种对球性和球感的感知要求极高的运动。球性：球在空中飞行以及落地后弹跳所表现的特性和规律性。球感：将触球和触球过程的感觉。

熟悉球性，建立初步球感和预判能力是学习掌握网球击球技术的核心基础。

熟悉球性的练习方法：

1. 两人徒手空中对抛接网球练习，距离由近到远。

2. 两人徒手对抛，接落地球练习，分别练习上升期、高点期、下降期接落地球。

3. 教师用拍分别击打出不同旋转、不同速度、不同弧度的变化来球，学生在来球的下降期徒手接球。

二、建立初步球感

练习方法：

1. 单人持拍轻触球连续颠球练习。

2. 单人对墙连续轻击球练习。

3. 两人小场地连续对练。

4. 小场地单打，双打记分短局比赛练习。

三、建立初步预判能力

练习方法：

教师用规范的技术动作分别击出上旋、平击、下旋球，学生通过观察技术动作、拍触球的运动状态、来球的飞行弧度和落地后的弹跳变化规律反复徒手接落地球。

第二节 基本握拍

一、球拍拍柄的形状与名称

1. 拍柄的各个平面：拿到球拍后我们会发现球拍拍柄是由八个平面组成的柱形，其底部截面图如图 1 所示。

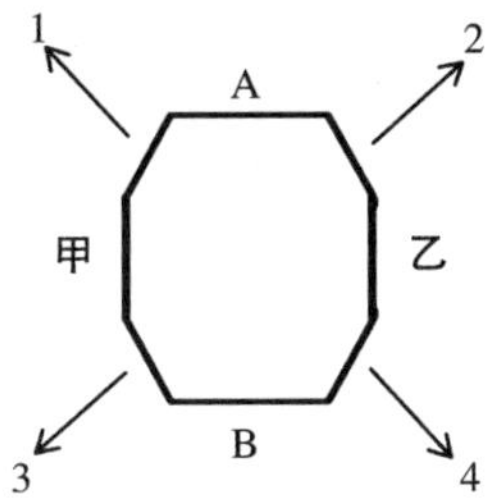

A——上平面　　B——下平面
甲——左垂面　　乙——右垂面
1——左上斜面　　2——右上斜面
3——左下斜面　　4——右下斜面

图 1　球拍拍柄截面示意图

2. 拍柄的各条棱线：拍柄上各个平面相交接处形成了拍柄上的各条棱线，这些棱线是我们握拍时的一个重要参考位置。为了能更准确地握好球拍，我们将球拍上的各条棱线进行了编号，在握拍时可以对应各条棱线以手的虎口位置对准相应棱线，有助于我们准确握好球拍。

二、与握拍方法相关的“手”的部位

1. 虎口：手掌在伸平的状态下，拇指伸直张开；其余四指伸直并拢，这样拇指与手掌靠近食指一侧呈“V”字形状。这一“V”字形区域称为虎口。

2. 手掌根：小拇指一侧靠近腕关节的手掌部位，解剖学称该部位为“小鱼际”。

3. 掌指关节：手掌与手指连接的关节。

4. 指指关节：掌指关节以上的其余手指关节。

三、握拍方法分类

正手击球是网球运动中非常重要的击球方式之一。在当今的现代网球比赛中，多数高水平球员在底线对攻中经常采用的击球方式就是正手击球。

对于所有类型的球员来说，好的正手击球可发展为强有力的武器。这种击球方式常用来迫使对手处于被动并控制比赛局势。

（一）大陆式握拍

方式：如图 2 所示，虎口贴于 A 处。

特点：大陆式握拍法适合打出平击、削球，特别在发球、网前截击、高压球技术运用时都是最佳选择的握拍方式。但是底线打出上旋球的能力较弱。在底线多拍相持中出错率易高于其他握拍打法。

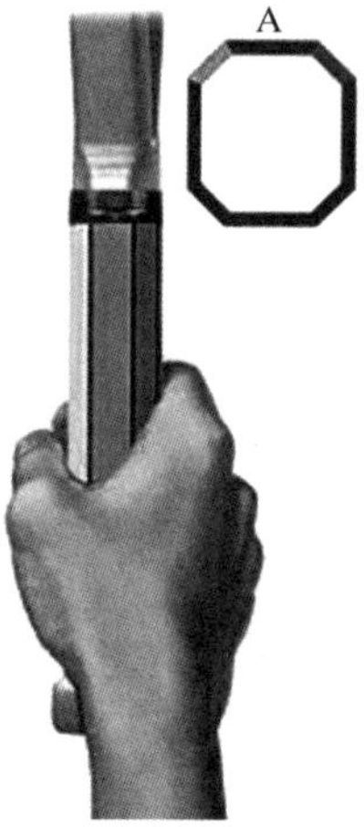

图 2　大陆式握拍方式

（二）东方式正手握拍

方式：如图 3 所示，虎口贴于 2 处。

特点：通常东方式正手握拍在正手击球过程中易于击出略带上旋的平击球，通常以速度为主、上旋为辅打法的握拍方式之一。

（三）半西方式正手握拍

方式：如图 4 所示，虎口紧贴乙处。

特点：半西方式正手握拍是当下职业球员、特别是女子球员中使用最多的一种握拍方式。其在底线正手击球时可攻可守，平击球和上旋球兼顾、转换自如。

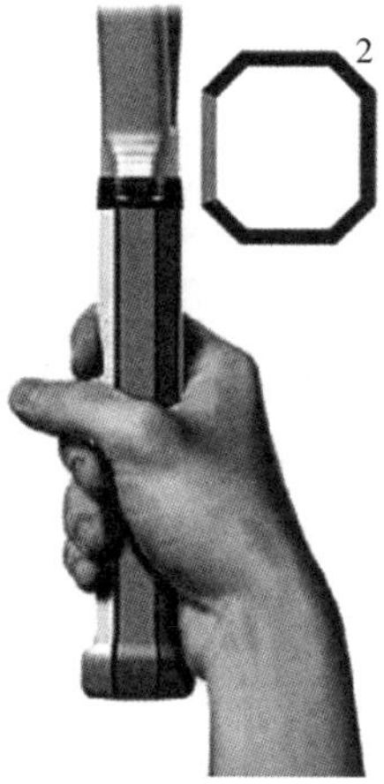

图 3　东方式正手握拍方式

图 4　半西方式正手握拍方式

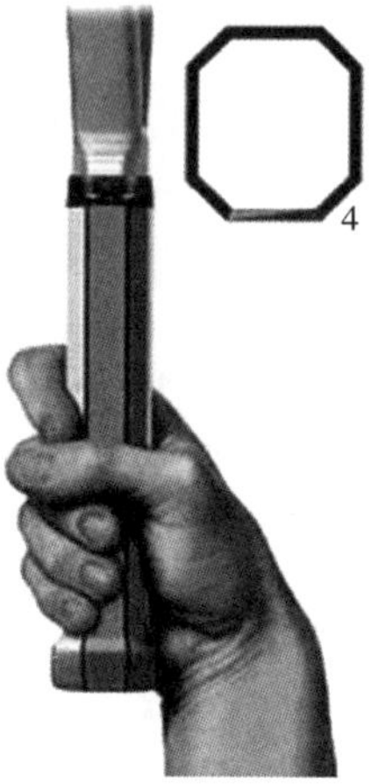

图 5　西方式正手握拍方式

（四）西方式正手握拍

方式：如图 5 所示，虎口紧贴 4 处。

特点：西方式正手握拍在底线正手击球时拍面处于自然前倾，易于打出强烈的上旋球，效果通常是过网高、弧度大、落地后有向上、向前的加速弹跳。在底线多拍相持中稳定性有明显优势，同时对步伐移动和体能储备有着较高的要求。通常在偏爱红土场地和男子职业球员中较多采用的一种握拍方式。

（五）东方式反手握拍

方式：如图 6 所示，虎口紧贴 1 处。

特点：通常东方式反手握拍在击球过程中易于击出略带上旋的平击球，通常以速度为主、上旋为辅打法的握拍方式之一。

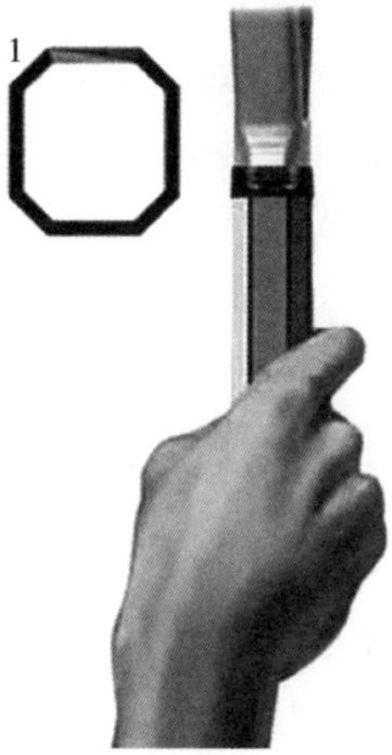

图 6　东方式反手握拍方式

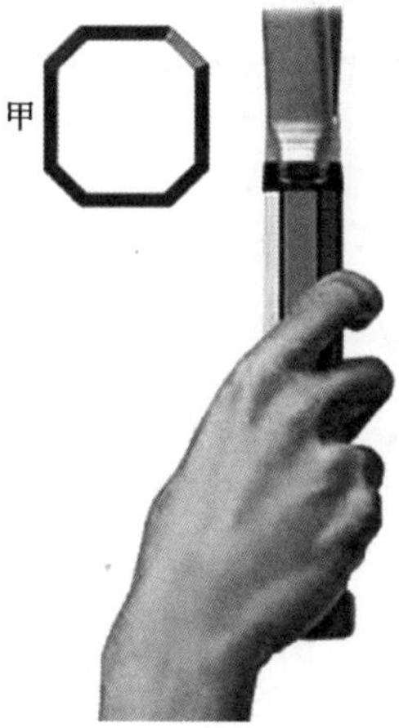

图 7　半西方式反手握拍

图 8　双手反手握拍方式

（六）半西方式反手握拍

方式：如图 7 所示，虎口紧贴甲处。

特点：半西方式反手握拍在底线击球时拍面处于自然略前倾状态，击球时通常以上旋球为主，平击为辅。这种握拍方式是在男子职业单反球员中较多采用的一种握拍方式。

（七）双手反手握拍

方式：如图 8 所示，支配手（右手）用大陆式握拍，非支配手（左手）在支配手上方用半西方式握拍。

特点：广为采用的反手击球握拍方式。

第三节　基 本 站 位

所谓站位就是运动员在准备击球前处于准备姿势时身体所处的球场位置，一般情况下以两脚的位置来表示。

一、以正手击球为进攻手段，反手以削球控制为主的站位

此种打法站位一般在端线后靠左侧的位置，目的是给正手留出更多的击球空间，以便于有更多的正手击球的机会。

二、正、反手都可进攻的站位

此种打法的运动员在机会到来时正、反手都可以进攻（所谓进攻一般是指主动击出球速快、角度大、上旋式或高压式等类型的球）。此类打法的运动员一般都选择底线后居中的位置。

第四节　基本步法

步法是网球运动的灵魂，一切技战术的基础。网球运动员跑动是否迅速、步法是否灵活对比赛起着至关重要的作用。在网球的各种击球中，必须使人与球保持一个适当的距离，需要一种合适的站位，才能得心应手地打出各种好球。步法大致包括：开放式步法、关闭式步法、滑步步法、跨步步法、踮步步法、碎步步法、交叉步步法、跑步步法、跳步步法和小步调整步法等。

一、网球步法基本类别

（一）开放式步法

这是正手击球过程中较为常见的站位方式。若从开立的姿势起动，则以右脚为轴，向右转体转肩，左脚向右前方跨出，与端线约成45°，使左肩对网，跨出的左脚较右脚仍在偏左侧的场地，身体呈开放姿势。

引拍时身体扭转幅度达45°—90°，右脚指向右前方，屈膝，身体重心位于右脚上，随后以右脚为轴转体转肩带动手臂提拉或平直挥拍击球，随挥时用力蹬转右脚结合转体动力使人体重心转移到左脚，充分转髋转肩带动手臂加速球拍对球的旋转和前送。这种大幅度、大力量的快速击球是西方式正手握拍最凶悍的打法，适合力量强的正手上旋加平击球打法的男子选手，打出的球旋转快，向前飞行的速度也快，落地快速反弹前冲。随着网球新技术的不断推广，许多女子选手的动作也朝男性化打法迈进。

（二）关闭式步法

这是在反手击球过程中较为常见的站位方式。从开立的准备姿势起动，以左脚为轴，向左转体转肩，右脚向左前方跨出，步子较大，超过左脚落左侧的场地，使右肩对网，甚至使右肩胛骨对网，身体呈闭锁姿势。

引拍时两脚前后站位，重心开始位于后脚，身体侧对来球，腰部扭转角度较小，约 0°—60°，挥拍时身体开始向前移动，当重心从后脚移到前脚时屈膝击球，同时迅速向前上方挥拍，并且向侧转体带动手臂挥拍推打来球，这种相对传统的打法，对球的控制相对容易，但爆发力不如开放式站位击球。

下表为关闭式步法和开放式步法对比。

因素	关闭式步法	开放式步法
握拍	东方式或大陆式	半西方式或西方式
启动步法	向前上步	向侧面跨一小步
髋和肩	仍然保持关闭式姿势	倾向于更早的面对球网
球拍后摆	直线后摆	环式后摆
球拍前挥	以肩为轴转动	身体多个部位共同参与
击球区	位于腰部或更低	低于肩膀，高于腰部
膝盖位置	始终保持弯曲	击球时伸展
移动速度	较慢	较快
随挥	在体前、拍柄底部指向地面	挥至肩后
步法	所需时间较长	可以在跑动中击球
优点	1. 容易完成侧身转体带动的后摆动作，因为只有充分的后摆动作才能保证有力的击球。 2. 关闭式步法击球时掌握准确的击球点和随挥动作有利于提高控制球的能力。关闭式步法是利用重心的前移，即身体向前的惯性来发力击球，所以平击球速度较快，因此击出的球也具有一定的杀伤力。 3. 关闭式步法的身体前移，对随球上网有很大的好处，节省了击完球回位再冲刺到网前的时间。	1. 不用上步就可以拉拍，省去击完球跟上脚，再回位等步法调整。 2. 开放式步法的引拍挥拍动作一气呵成，拍头从身前向后引拍至挥拍击球中间没有停顿，也就是说开始向前挥拍击球时，拍头已经有了一定的初速度。 3. 开放式步法导致的引拍技术动作有利于击出稳定的、有穿透力的、有强烈上旋的球，这是由开放式步法引拍技术特点所决定的。

正（右）手底线开放式站位引拍时上体扭转角度是 45°—90°，而关闭式站位上体扭转角度是 0°—45°。开放式站位击球引拍时上体扭转角度大、转动弧度大，不同的身体扭转角度对腰部肌肉的拉长程度不同，更容易动用腰部的力量，所以击球时给予球的速度、旋转度和力量均大于关闭式。

开放式站位击球时身体重心轨迹主要是从右到左移动，前后移动幅度较小，以右腿为轴进行转动，击打后送球和随挥时重心才移至左腿，引拍和挥拍动作之间的衔接比关闭式更为紧凑，从引拍到挥拍几乎是一气呵成，因此开放式站位引拍动作较晚而击球动作较早，这对跑位、击球时机和击球动作的要求比较高。关闭式站位击球时重心轨迹主要是从后到前，挥拍击球时，重心移至左腿，因此要提前完成引拍动作，而开放式站位击球动作相对较晚，要求在跑动中完成引拍。

步法不是一成不变的，典型地说，对于要随球上网的中场球应该采取关闭式步法比较合适，节省上网时间，还能击出具有速度威胁的平击球。如果要救相对于边线附近的大角度来球，应该选择开放式步法，能及时赶到击出上旋球并且有充分的时间击完球迅速回位。因此，在回击每个球时，要根据来球的速度和回击的方向来选择站位的方式，不要盲目地跟随流行的步法。

初学者应从关闭式到开放式的顺序练习较为合适，从关闭式站位击球技术入手较容易，也相对容易控制球的方向、速度和落点；从高水平的竞技网球运动来看，建议采用半开放式或开放式击球，主要因为这种打法增加了击球范围、容易解决接发球时间过短的问题、运动员可以更有效地隐藏击球意图等。

从两种击球方式来看，应从技术动作相对简单的平击球开始，逐步过渡到平击加上旋，当技术熟练、球感提高后再逐步过渡到上旋球技术。

（三）滑步步法

指面对球网两脚左右滑步移动。向左移动时，蹬右脚，先移动左脚，再跟右脚；向右移动时则蹬左脚，先移动右脚再跟左脚。在准备击球或击球后回位的距离较短时，多数球员都会采用滑步。

面对球网，将外侧的腿向所要移动的方向滑动。内侧腿向其移动时，两腿在空中接触（注：依个人习惯，也可不接触），然后进入准备击球状态。提示：当球处于比较靠近你的位置，推荐使用这种步法；如果球距离你很远，可以使用跑动范围较大的交叉步。

1. 后撤滑步

这虽不是经常会在比赛中用到的步法，但却是一项很好的协调性练习，能有效锻炼在后撤和跳跃中需要用到的肌肉群。

2. 侧滑步

侧滑步是在比赛中用于回位的常见步法，在练习中加入转身动作可以提高一点难度。

3. 后向侧滑步

这也是在比赛中防守时的常用步法。

（四）跳步（分腿垫步）步法

在每次击球前，特别是进行网前截击的时候，球员应该使用分腿垫步步法。从准备状态开始，当对手开始挥拍时，膝盖弯曲，做一个小跳跃（高度不要超过5厘米），双脚的前脚掌着地（略宽于肩）。这样会保持一个适当的站位，很容易向对手下一次击球的方向突然起动。这是在实战中运用最多的一种步法。

通过观察对手球拍的击球位置，并迅速判断出来球的方向。这一点需要在实践中不断学习优化，通过参加大量的比赛来提高预判能力并完善这项步法。

接发球中的跳步（分腿垫步）几乎成为所有选手的必须动作，小跳/分腿垫步的方法是让一只脚在另一只前面，当对手抛球时，选手应该往前踏进，双脚平行，身体跳起，用前脚掌着地。这个向前的运动可以帮助回球选手迎向来球，也可以帮助他侧向移动。

（五）碎步步法

在挥拍击球前用小碎步调整可以帮助选手处于最佳的击球位置。一些顶级职业选手在挥拍击打落地球前，都会通过碎步来调整到理想的击球位置。多数业余选手通常只满足于移动到击球位置的附近，这样有时会导致需要弯腰，或伸长胳膊去够球，要不就只能拼命去做非常规的击球动作。提示：尽管你的击球可以过网，但它未必能达到你所期望的效果。通过碎步来调整到最佳的击球位置，将会大大提高你击球的潜能。

（六）交叉步步法

当一次击球过后，要迅速退回场地中央准备下次击球时，交叉步是最好的选择。当向着场地中央移动时，尽可能保持肩膀平行于球网，重心保持在两腿间，两腿呈交叉状向侧面跨步。如果向右侧移动，应先跨左腿在右腿前；相反同理。当选手要处理离自身距离很远的球而需要做大幅度移动时（如近网短球或大角度的来球），那就先侧身，然后疾速向球的方向奔跑。但如果每次击球都使用这样的步法，就会限制选手的变向能力，而且容易导致错误地运用步法。

1. 向侧后移动交叉步

向侧后移动交叉步是在打高压球时常采用的步法。向右侧后移动，先向右侧后方移动右脚，同时向右后转体，接着左脚向右后跨步，再用交叉步向右后方跑动。向左侧后移动时，方法相同，方向相反。

2. 左右交叉步

左右交叉步在底线的正反手击球中经常运用。向右移动时，脚掌向右转动，左脚先向右前方跨一步，交叉于右脚前，同时向右转体进右脚，再进左脚。向左移动时，方法与右侧移动相同，方向相反。

3. 前交叉步

单反选手在反手击球后随球上网时会用到这种步法，同时它也是一项很棒的协调性练习，适用于所有选手。如果你想增加点挑战性，也可以加入转身动作。

网球步法，关键在于一起一止。“起”即是启动，“止”即是击球前的最后一步，包括停步，盯球挥拍和转身。

做好启动，是网球步法好坏的关键。一个好的启动，要快，并且方向正确。这个方向指的是小方向，即，是向斜前方移动，还是向左右平移；这个判断能否正确非常重要，它直接影响到这个过程的效率。启动要做好不仅要求良好的爆发力和身体协调能力，更重要的是对来球的方向、速度以及落点的正确判断。

从技术上讲，在对手击球的瞬间，让身体的重心落在双脚之间以便随时可向任何方向移动是不会有错的，但这时候对来球的综合判断更重要。

启动好，途中快，一个良好的网球步法已完成了一半；只有对落点判断正确，才能做好这最后一步。只有明白自己最好的击球点，包括球的高度和与自己的横向距离，才有可能迈好这最后一步，通过良好的击球完成一个网球步法的全过程。

二、网球步法训练

（一）单人的练习方法

1. 定期或经常性地进行慢跑。

2. 在原地做快速的高抬腿跑和小步跑。

3. 做前后的急速跑和后退跑，以及左右两侧的交叉步跑练习。

4. 持拍做前后左右的连续垫步、跨步挥拍练习。在移动中要保持引拍，结束时的姿势，等到位站稳后，再向前挥拍练习。

5. 在网球场上连续摸 1、2、3、4 四点跑动练习，1—2 用侧滑步，2—3 用小步跑，3—4 用侧滑步，4—1 用小步跑，然后再进行连续摸 4、3、2、1 的四点练习。

6. 在场地边线中间连续依次摸 1、2、3、4、5 五点练习。从 1 点开始，每摸完 2、3、4、5 等各点，都要立即回到边线摸一次 1 点。可进行计时练习。

7. 在网球场上，从 1 点处开始练习发球挥拍，然后迅速移动到 2 点处练习正手挥拍，再跑到3点处练习反手挥拍，接着到4点和5点处分别练习正反手截击挥拍，最后退至6点处练习高压球挥拍。

8. 各种跳绳练习和连续有节奏的跳跃运动练习。

9. 从1点跑到2点迅速回到1点；再跑到3点，回到1点；再跑到4点，回到1点，依此类推，最后跑到8点，再回到1点。这一组步法练习，可以加上挥拍练习，也可以做地上拣球练习。

10. 将一个球筐放在底线中点后，分别在1、2、3、4、5的每点上放一个球。要求从球筐处开始，迅速将五个球都拣回球筐内，并每次只能拣一个球放入球筐里。可进行计时练习。

（二）两人的练习方法

1. 教练在网前用多球送地滚球，每次用一个球滚向左侧，再用另一个球滚向右侧，要求学生快速拣起每个球，并将球立即滚回球网中间。

2. 教练在网前用一个球，扔向场地左侧，要求学生在球落地一次时抓住并迅速扔还给教练，教练立即将球再扔向右侧，要求学生再抓住扔回，不断反复练习。

（三）分腿垫步冲刺

如果你想提高球场上的反应速度，那么最好在对手击球的瞬间就做分腿垫步。当网球离开对手的球拍，就开始向预判的落点冲刺。

第五节　正手击球

一、底线正手抽击球技术

（一）基本技术分析及动作要点

1. 握拍法：东方式或东西方混合式握法。

2. 击球特点与实战运用：击球动作充分，击球有力，球速快，是实战中主要的进攻手段。根据统计，在实战中正手底线击球次数要明显高于底线反拍技术，对于底线型选手来说，正手底线抽击球次数更是明显高于其他击球动作。从正常人的习惯和解剖学来说，正手击球绝大部分有利于身体发力。从现代网球运动的发展现状和发展趋势看，绝大部分选手还是更多地靠正手抽击球获取场上主动，在此方面底线型选手体现得更为突出。

3. 动作要点

(1) 准备姿势

面向球网，两脚左右开立，与肩基本同宽，上体稍前倾，两膝微屈，重心落在前脚掌，脚尖向前。右手握拍，左手轻提拍颈。拍头指向对方，双臂微屈，集中精神注视对方动作和来球。

(2) 脚步移动与引拍

一旦确定对方来球位于正手击球位置后，要迅速选择好击球步法向击球点移动，在靠近击球点的同时开始向后引拍，在击球步法的最后一步前要充分做好引拍动作。引拍时要充分转髋转肩带动手臂向后做引拍动作，引拍时手臂向后做弧形后摆或由准备姿势位置直接后摆引拍。引拍时要弯曲肘关节并保持拍头高于手，左手在此时要主动前伸指向来球并随球，指向击球点，以此保持身体平衡，更有利于瞄准击球。

击球时步法有开放式和关闭式两种。在选择关闭式击球步法时，要在球拍向后引拍时向右转动右脚至约与底线平行，左脚向右侧方约 45°方向跨步。在利用开放式击球步法时，要在向后引拍的同时保持双脚的基本位置与底线平行并尽可能向右侧后扭转上体。两种击球步法在击球前身体重心都是在右脚上，随着击球动作和随挥动作的进行和完成，身体重心由右脚移到左脚。

4. 向前挥拍动作

利用蹬地转髋和转腰的力量，向前迎击球挥出球拍，挥拍时手要握紧球拍固定腕关节，并保持肘关节微屈。发力时要注意肩要领先于肘，肘要领先于手。挥拍时左手要有意识地指向击球点，目光注视来球。

5. 球拍触球

关闭式击球步法的击球点要保持在左脚尖侧前方，开放式击球步法的击球点要保持在右脚侧前方。击球时要盯住来球保证球拍击准球。拍头在击球时要基本上与手的位置一样高。根据来球和不同的抽击球技术调整拍面角度。

6. 随挥动作

击球后球拍应沿着出球方向继续挥动随球跟进送拍，当跟进动作和向前的摆动动作接近最远点时，握拍的手臂要自然向上抬起，向左侧减速摆动至左侧肩部结束，身体的转动角度由击球前的侧对球网（向右转体）而转到击球后的正对或稍向左侧转体对着球网。随挥动作结束，应迅速还原到准备姿势。

(二) 正手击球练习方法

1. 挥拍练习，从分解到完整动作。

2. 原地送定点球挥拍击球练习。

3. 对面送定点球挥拍击球练习。

目的：提高正手不同区域击球能力。

要求：

1. 步伐准确，向前移动到位。

2. 打完后快速回位。

3. 动作完整。

4. 击球落点明确。

如图 9、图 10 所示。

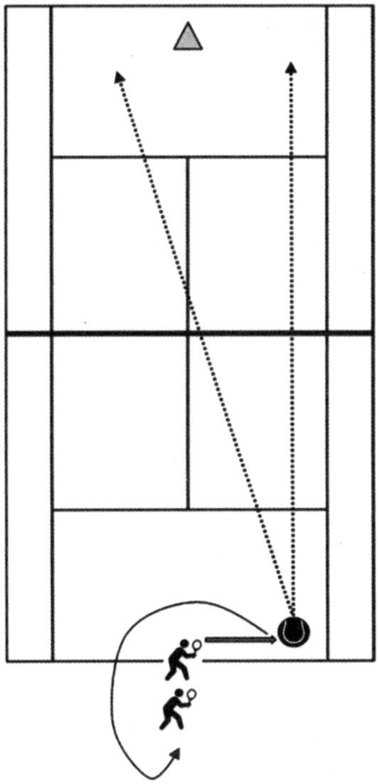

图 9　正手定点击球练习

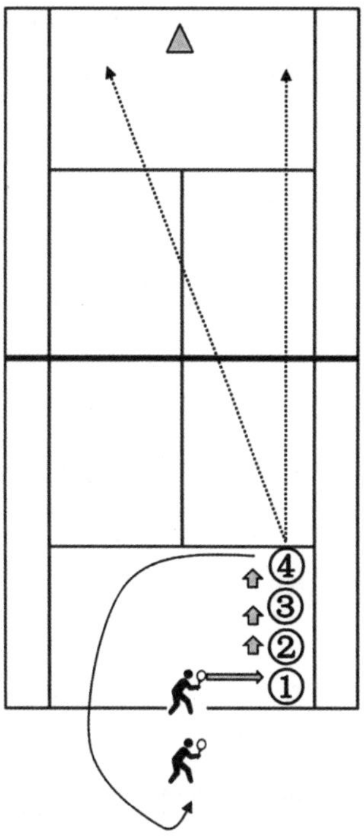

图 10　正手移动击球练习

二、底线正手抽击球的技术分类

（一）底线正手平击式抽球（平抽）

1. 技术特点与实战运用

平击抽球是指击球时的发力方式。绝对的平击球是没有的，平击抽球击出的球或多或少都有一些上旋。平抽出的球在空中运行时间短、线路直、弧度小，球落地后反弹低、前冲快。平击抽球具有极强的进攻性，但由于缺少弧度，所以命中率相对低，准确性也相对差。

2. 技术要点

(1) 引拍动作要以腰带动手臂向后引拍。引拍时拍头高度要与击球点相对应。

(2) 前挥时充分利用蹬地转腰的力量，保持拍面稳定，水平向前挥拍，眼睛盯住球。

(3) 击球时球拍击于球的后中部，向前挥击动作与球拍击球动作及随挥动作要保持完整。

(4) 随挥动作不要向上拉太多，应沿着击球时的发力方向向前挥动，在接近最远点时稍向左侧肩上自然减速挥拍，此时左手主动接拍完成随挥动作。

(二) 底线正拍抽上旋球

1. 球性特点及实战运用

上旋球大体上可以分为三种。第一种以速度为主，旋转目的主要用于控制球的弧度的一般上旋球；第二种以强烈旋转为主，球是在空中高弧度飞行，球落地后因强烈上旋旋转而加速上跳；第三种是介于第一种和第二种之间的前冲上旋球。上旋球的旋转来自击球时球拍由下向上的挥击摩擦力量、球拍在击球时的适度前倾及球拍在击球时与来球相反的作用力。上旋球球性特点是球在空中运行弧度高，经过最高点后下落速度快，稳定性好。球在落地后弹起高、前冲快、变化多。实战中上旋球主要有以下几个方面的作用：

第一，用于对付上网型打法的选手，通过拉深使其只能在底线击球而不能轻易上网。

第二，在被动情况下通过上旋球使自己获取防守准备时间，同时限制对手进攻。

第三，当对手上网截击时利用上旋球下降快的特点，使对手在球的下降期击球以降低对手击球的攻击性。

第四，在场内击球时利用上旋球可以使球的飞行路线缩短，使球不易出界。

第五，改变击球节奏以获取主动。

2. 上旋抽球与平击抽球技术对比

(1) 引拍动作：引拍高度应是持拍手与髋基本同高，拍头要高于持拍手。

(2) 引拍时机：对于初学者来说，及时引拍、充分引拍尤其重要。随着技术水平的提高，引拍时机会与击球动作形成自然对应，即来球快、引拍快，反之则慢。这样的引拍动作可以充分发挥引拍时后摆动作的惯性，使引拍动作与前挥动作有机结合。但初学者定要注意引拍要及时充分。

（3）前挥击球：平击抽球强调发力方向的“平”，球拍在击到球前和击球后随挥动作的一段摆动过程中强调直线运动。上旋抽击球时球拍运动方向强调自下而上。球拍运动轨迹是由后下至前上的弧线。球拍拍头在击球前是明显低于击球点的。

（4）击球点：上旋抽球最佳击球点是在身体侧前方、髋关节和腰的高度。球拍要自下而上挥击到球的后下部，靠球拍自后下而前上的挥动将球击为上旋状态。

（5）随挥动作：击球完成后握拍手臂要主动连续沿击球前挥拍动作方向随挥球拍，小臂主动上抬，在球拍随挥动作接近结束时非持拍手接拍握住拍颈。

（三）常用练习方法：（如图 11 所示）

目的：提高正手不同区域击球能力。

要求：

1. 步伐准确，向前移动到位。
2. 打完后快速回位。
3. 动作完整。
4. 击球落点明确。

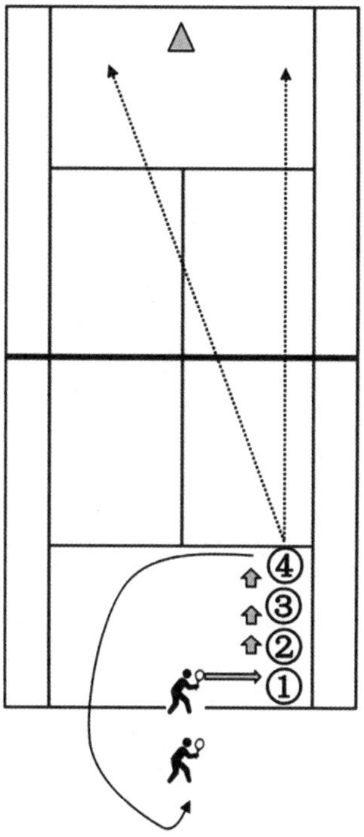

图 11　正手移动击上旋球练习

（四）底线正拍侧身抽击球技术

1. 技术特点与实战运用

侧身抽球主要用于进攻，在对方击出或发出球速较慢，落点比较浅的偏反拍击球位置的球时，通过快速的步法移动使身体到达球的左侧，形成正手位置的击球。侧身正手抽球是在实战中常常使用的进攻技术之一，要求运动员在短时间内快速完成脚步移动，到达合理的击球位置，同时要求运动员在侧向移动中完成合理有效的引拍动作，另外还要求运动员一定要打出制胜的一球或者说要击出绝对占据主动的一球，否则由于侧身攻球后场地留下很大的空地，会造成失分或被动的局面。

2. 技术要点

（1）握拍方法：正拍底线抽击球的握法。

（2）准备姿势与移动：准备姿势基本同底线正拍击球，但要尽量做到早起动以争取时间。对方击球时就要做出准确判断后并快速起动，在击球前完成身体的移动。

（3）挥拍击球：以正拍底线抽球为基础，但要注意在身体移动到击球位置前要基本完成引拍动作，在身体到位后要迅速调整好重心，挥拍发力时要充分。

（4）随挥动作：击球后的随挥方向与出球方向一致。随挥动作完成后要迅速做好下一个球的衔接和准备。

第六节　反手击球

一、底线反拍单手握拍抽球击球技术

（一）技术特点及实战运用

相对于正手击球技术而言，反手击球动作要求各个技术环节的精准度，击球步法、引拍动作、球拍触球、随挥动作等要做到更充分到位。初学者一般应先学习正手技术，在对球的速度和反弹规律掌握到一定程度后再开始学习反手击球技术。反手抽球握拍法有单手握拍和双手握拍两种，抽击出的球也分平击式上旋和高弧度高旋转的上旋球。反手抽球不如正手抽球便于发力，但反手抽球在变换出球角度方面比正手具有更强的隐蔽性。

（二）技术要点

1. 握拍方法：东方式反拍握法。

2. 准备姿势：与底线正手击球准备动作相同。

3. 引拍动作：当对方来球向反手击球位置击出时，要迅速由正手握拍换握至东方式反手击球的握法，左手轻扶拍颈协助球拍后引，双肩转动至右肩侧身对网，形成右侧后背转向球网的充分转身动作。引拍至身体左侧后右臂肘关节弯曲，左手扶住拍颈，拍头位于腰与肩之间的高度，拍头指向身后，目光注视来球。

4. 前挥击球动作：前挥时右脚向右侧前方约 45°角的方向跨出，身体重心由左脚向右脚过渡，利用蹬地转腰的力量挥出球拍，肘关节保持微屈并外展，手腕紧固，球拍拍面保持与地面基本垂直。击球点控制在右脚侧前方。

5. 击球后随挥动作：击球后球拍继续前挥，并在球拍前挥接近最远端时沿弧线向上挥至肩或头的高度。

6. 握拍要点：使用东方式反手提法时，虎口要转向拍柄左上斜面，同时伸

展食指，使拇指紧贴压在拍柄的平面上（与击球拍面相反的拍柄平面），以加强对球拍的控制。

7. 反手拉上旋球（高弧度上旋）：引拍要更充分，发力时更需要蹬地转腰的力量，引拍位置略低于平击式抽球，挥拍方向更强调向上，击球时拍面略前倾，随挥动作也要更向上。

（三）练习方法

如图 12 所示。

目的：提高反手击球稳定性。

要求：

1. 步伐准确，移动到位。
2. 打完后快速回位。
3. 动作完整。
4. 击球落点明确。

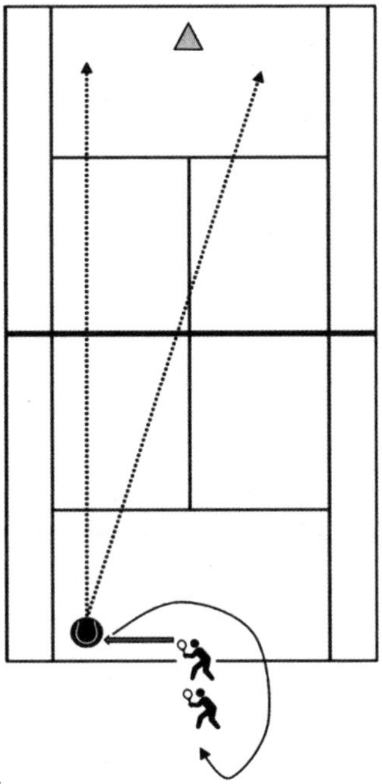

图 12　反手定点击球练习

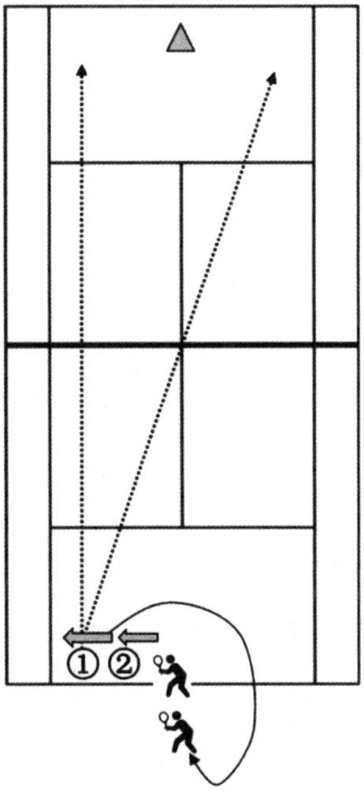

图 13　反手移动击球练习

如图 13 所示。

目的：提高反手横向移动击球能力。

要求：

1. 步伐准确，移动到位。

2. 打完后快速回位。

3. 动作完整。

4. 击球落点明确。

二、底线反拍双手握拍抽击球技术

（一）技术特点和实战运用

两手握拍更有利于控制拍面，球拍前挥速度低于单手握拍，但力量要更大。由于双手握拍时关节的限制，使得击球时有效控制范围缩小（照顾面小），双手握拍的灵活性要低于单手握拍。通过改变击球点可以明显改变出球角度。

（二）技术要点

1. 握拍方法：右手为东方式反握方法，左手位于右手上部，靠紧右手，用东方式正手握法。

2. 准备姿势：与正手底线击球相同。

3. 引拍动作：当判断对方来球为反手位置后要迅速移动并换握，球拍引至身体左侧后方，拍头低于来球的高度，拍柄底托指向来球，手腕绷紧，手臂放松，头转向来球，目光盯住来球。

4. 前挥击球：右脚向来球方向跨出，球拍从引拍的位置以拍头略低于击球点的高度由后向前连贯地挥出。左脚在前挥动作开始时蹬地，使重心由左脚向右脚移（重心前移），击球点位于右脚侧前膝至腰的高度，通过身体重心的前移使球拍在将触球和触球后击的挥拍轨迹，呈几乎是直线的运动，击球时右臂放松，保持拍面垂直于地面，击球时头要略低，眼睛盯住来球。

5. 随挥动作：球拍击出球后要顺着出球的方向继续挥出，随着击球时的蹬地转腰动作，球拍沿左后下向右前上方挥动，双肘向上抬至肩高，整个击球动作连贯。随挥动作结束后要迅速回到准备姿势。

6. 反拍双手握拍拉上旋球：转体引拍动作要更充分，拍头略低于平击式抽球，拍面略前倾，挥拍方向更强调向上一些，击球的后中偏下部，随挥动作也要更向上一些。

三、底线反拍击下旋球（反手削球）

（一）技术特点与实战运用

该技术也被称为削球。因其控制范围较大在实战中通常作为防守性击球使用，也可以主动削球，通过变换击球节奏和落点旋转的变化控制场上局面或直接得分。

（二）技术要点

1. 握拍方法：大陆式握拍法。

2. 引拍动作：右手握拍，左手扶住拍颈引导拍头向后拉，球拍后引，同时要主动转肩转腰，转体动作与引拍动作应是完整一体的动作。拍头后引至左侧肩上后侧，拍面后仰，握拍手臂弯曲，双膝弯曲，重心移左脚右肩朝前，盯住来球。

3. 前挥与击球动作：球拍由引拍位置向前下方做切削式挥摆，击球时保持拍面后仰，球拍后仰角度可根据出球角度做相应调整，击球时球拍接触球的中部或中下部。击球点应保持在右侧前方位置，挥拍时蹬地转腰转肩，发力方向由后向前，重心由左脚移向右脚。

4. 随挥动作：击球后球拍应继续保持向前挥送。

第七节 截 击 球

所谓截击球就是对方来球在没有落到本方球场地面之前被本方击回的球。随着网球运动的发展，截击技术显得越来越重要。现代网球运动更强调进攻，截击球是通过加快回球节奏获得高效进攻最直接的方法和手段。截击技术按来球的高低分为高位截击和低位截击，按回球时球员在场上位置分为中场截击和近网截击（网前截击）。

一、握拍方法

高水平的球员通常使用大陆式握拍法或东方式握拍法正反手截击。

二、准备姿势与引拍

当对手就要击球时，善于截击球的球员通常使用分腿垫步接跨步作为准备动作的一部分。

三、练习方法

如图 14 所示。

目的：提高正手拦网精准度。

要求：

1. 跨步准确，移动到位。
2. 打完后快速回位。
3. 动作短促有力。
4. 击球落点明确。

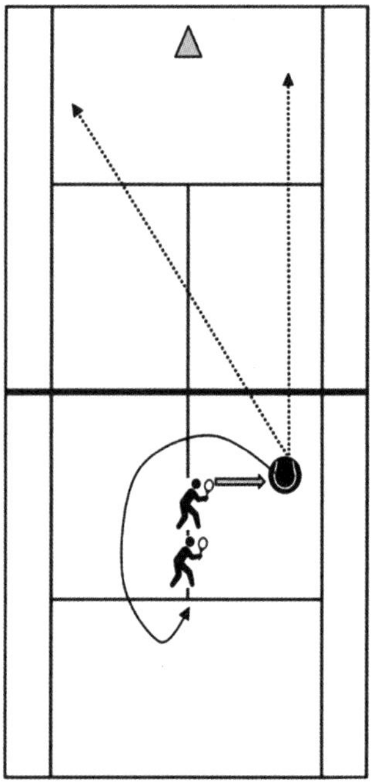

图 14　正手拦网练习

四、中场截击

（一）技术特点与实战运用

中场截击技术主要运用于发球上网和随球上网后的“第一次截击”，在上网移动到球场中间时对方的回球已基本到了，在此情况下的截击技术动作都属于中场截击，一般称为“一拦”。一拦效果的好坏直接关系到上网截击的成败。

（二）技术要点

1. 中场正拍截击

（1）握拍方法：大陆式握拍法。

（2）准备姿势与引拍：准备击球前面向球网双脚分开与肩同宽，双膝微屈。重心基本保持在前脚掌上。在对方击球时重心上提，对方击球后重心应正好回落，双脚迅速蹬地，脚跟提起，转髋转肩带动球拍向后引，引拍动作由转肩动作带动完成，手臂动作一定要小，肘关节微屈手腕后屈约 45°角拍面稍后仰。

（3）挥拍击球：在对方回球速度较慢的情况下可以采用关闭式击球方法，反之，要采用开放式击球方法。高位截击击球时手腕要绷紧，控制好拍面，球拍向前迎击来球，球拍触球后中上部，开放式击球点位于身体右侧前方，关闭式击球点位于左脚尖的延长线上。低位截击时注意弯腰屈膝降低重心，球拍触球后中下部。开放式击球点位于身体右侧前方腰以下部位，关闭式击球点位于左脚尖的延长线上腰以下部位。

（4）随挥动作与击球后的跟进：随挥动作要小，击球后要根据情况随球跟进，既要注意向网前移动准备近网截击，又要保持好身体重心，准备下一拍高压击球或横向的移动击球。

2. 中场反拍截击

（1）握拍方法：大陆式握拍法。

（2）准备姿势与引拍：击球前面向球网双脚分开与肩同宽，双膝微屈。保持重心在双脚前脚掌上。采用开放式击球动作时，引拍动作要迅速，转肩转腰带动手臂向左侧后引拍，引拍动作一定不要过大。高位截击时球拍引至左侧肩上位置，持拍手臂肘关节弯曲盯住来球，低位截击球时注意降低重心，球拍引至左侧肩与腰之间的位置。采用关闭式击球动作时，引拍动作要与右脚上步及转身动作同时完成，引拍位置与开放式击球基本相同。

a. 挥拍击球：高位截击时球拍要在高于击球点的位置向前下方挥出，拍面稍后仰击球的后中部偏上的位置。低位截击时球拍由后向前挥击，拍面后仰击球的后中部或后中下部，在截击比较低的球时，球拍在前挥接近击球点时要有意识地向下，然后再向上以弧形挥拍轨迹击到球并随挥，保证球拍击到球的后中下部。近网截击动作要小，强调对球拍方向与角度的控制，而不是大力挥拍。

b. 随挥动作与击球后的跟进：击球后球拍向出球方向的随挥动作一定要小，并要求尽快回到准备姿势，同时在击球后要根据截击球的效果选择场上位置和准备姿势。

五、网前截击

（一）技术要点

握拍法与准备姿势：基本与中场截击球相同。

网前截击至关重要的是对来球路线的判断，这种能力是需要在实战中总结经验而渐渐提高的。

击球技术动作：击球步法、引拍与挥拍击球等技术环节与中场截击动作基本相同，但是击球前的准备时间要少多了，因此网前截击球技术对运动员的判断能力、反应速度、移动速度及灵敏程度要求更高。网前截击时可根据对方来球、对方站位等情况选择加力或减力，另外网前截击时可以打出角度很大的球，所以控制好球拍打出大角度的球为首选。而引拍动作和挥拍击球动作要小并做好连续截击球的准备。

（二）练习方法

如图 15 所示。

目的：提高反手不同位置拦网能力。

要求：

1. 跨步准确，移动到位。

2. 打完后快速回位。

3. ①拦直线推深。

4. ②拦、③拦落点明确。

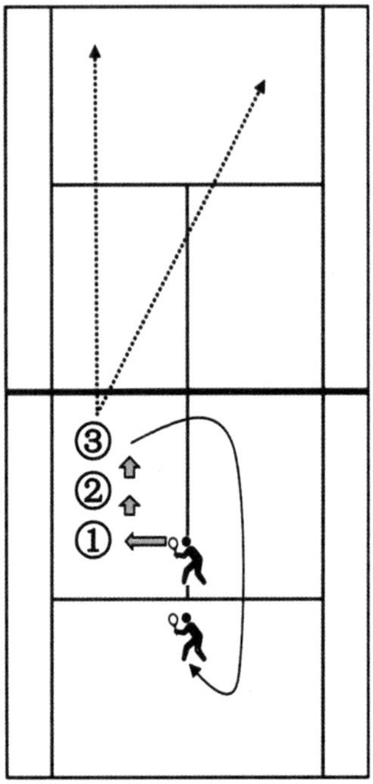

图 15　反手移动拦网练习

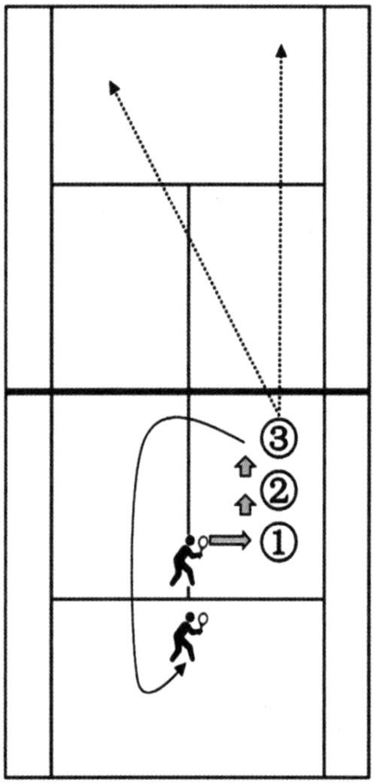

图 16　正手移动拦网练习

如图 16 所示。

目的：提高正手不同位置拦网能力。

要求：

1. 跨步准确，移动到位。

2. 打完后快速回位。

3. ①拦直线推深。

4. ②拦、③拦落点明确。

第八节　高　压　球

网球高压球又称杀球，是一种在头上用扣压的动作完成的一种击球方法，即是从头的上方把球扣到对方场区，其落点准、力量大，是一项绝对的强攻性技术；根据对方挑过来的球的高低程度不同，高压球可分为落地高压和凌空高压两种。

一、特点与作用

高压球是对付对方挑高球的一项进攻技术，良好的高压球技术，能为上网截击增加信心和增强威力，根据对方挑高球落点的深浅，采取猛力的扣杀和落点准的打法，能使高压球更具威胁。

二、动作要点

1. 高压球的动作与发球动作相似，握拍也与发球握拍相同。当对方挑高球时，应立即侧身转体并用短促的垫步向后退，同时侧身，持拍手上举至头部位向后引拍，重心在两脚前脚掌上，后腿弯曲，随时准备扣杀。

2. 准备击球时，非持拍手上举指向来球的方向和高度，击球与发球时击球一样，击球点在头部前上方。如果跳起高压，用后脚起跳，转体、收腹，击球后用左脚着地，同时右脚向前跨，准备再上网截击。

3. 近网高压球击球点可偏前，便于下扣动作的完成，远网后场高压的击球点可稍后些，击球动作向前下方挥击，以防下网。

4. 击球后的跟进动作尽量像发球那样完整，起跳高压时要保持身体平衡。

第九节　短　　球

短球指落在距球网 40 厘米范围左右的球。具有弧线短、冲力小等特点。与长球结合使用，能调动对方前后奔波。

近网短球是很难正确掌握的一种网球技术，又称为放短球、放小球。它是一种很微妙的触球，需要有很好的球感和控球能力。

一、切削练习

放短球是在球接触拍面的瞬间放松手腕，用拍面轻轻地削击球的侧下部，拍面大约以 45°角从球的侧下方向下滑动，然后拍面逐渐趋于平坦，使球产生侧下旋。因此无论摆短还是放小球，总会以切削技术动作为基础。

第十节 发　球

发球是实战中极为重要的环节，将发球技术看作是现代网球运动中最重要的技术一点也不过分。一个优秀运动员没有好的发球就无法在高水平比赛中取得好的成绩。发球技术的好坏可以直接反映出运动员的水平，同时也与职业运动员的世界排名基本相对应。值得一提的是，发球技术是网球诸多技术中唯一不受对方任何制约，而完全由自己掌握和发挥的技术。好的发球可以最大限度地控制和限制对方，使自己获得主动，还可以直接得分。网球比赛中的发球分为一发和二发，一发一般以力量速度和落点为主，二发更强调稳定、旋转和落点。对于初学者来说，我们可以将发球技术分为上手发球与下手发球，击球点在头的高度以下的基本称为下手发球。上手发球分为平击式发球、切削式发球和上旋发球，在具有一定水平的网球比赛中运动员都采用上手发球。通常我们说的“发球技术”指的都是上手发球。

在学习一种好的发球的初期阶段，需首先做好以下要领：握拍正确，动作简练，动作连贯，节奏稳定。

最后身体各个部分的作用犹如一个链条系统中的各个链环，一个链环产生的力量连续不断地传至下一个链环。它在发球中的运用见下表：

身体部分	产生的力量
腿部用力	增加髋部速度
转体转肩	增加肩部速度
大臂抬起	增加肘部速度
小臂伸直下转	球拍对准，准备击球并增加腕部速度
手弯曲	增加球拍速度

一、握拍方法

当今球员发球常用的握拍法是大陆式握拍。然而，在过去的几年里，多数顶尖球员有过一种趋势，即采用介于东方式正手握拍和大陆式握拍之间的握拍。

二、准备姿势

左手持球，右手握拍，侧对球网站立于端线后中场标记附近，左脚与端线约成45°角，右脚基本与端线平行。左手持球于掌指关节处，掌心向上，球靠近球拍拍颈，高度在腰附近，拍头指向球网方向，身体重心落在左脚上。从发球准备姿势时开始注意力就要高度集中，以顺利完成下面一系列的动作。

三、抛球与引拍

由准备姿势开始，身体重心后移，右手握拍向下向后引拍，随着球拍后引，左手随拍垂直向上，抛球时手臂基本伸直，以托、举、送的发力方式将球抛起，右手握拍继续后引并开始拍头上举，与此同时，身体右转、屈膝、展肩、挺胸，左手上举，抬头注视空中的球。

四、身体动力链系统

蹬地→转髋→转体→手臂绕肩→肘部伸展→小臂外转→转腕→随球动作和落地平衡。

五、挥拍击球动作

当球进入指定位置时重心开始前移，右脚可以向前跟进靠近左脚，握拍手的各关节放松，以身体向左的转动及肘关节的上举形成肘关节在上、拍头向下的引拍动作（俗称搔背动作）。当球接近击球点时腿部发力双脚用力蹬地，身体随挥拍蹬地动作有力向左回转，握拍手臂以胸带动肩，肩带动肘，肘带动小臂，挥动球拍击球于头的前上方，当球拍将要击到球时，以腕关节带动小臂快速内旋形成鞭打动作。球拍触球的部位，根据发球性能的不同分别击打球的后中上部（平击式）或后右侧上部（切削式或上旋式）。发球的技术关键在于准确的抛球位置、准确的发力时间、准确的击球部位和准确的拍面控制。在掌握好发球基本技术动作的结构以后，要针对上述的几个方面进行反复练习，形成固定的动作和节奏，才能真正掌握发球技术。

六、随挥动作

球拍击球后双脚可能由于蹬地发力而离开地面，而身体也由于发力而向前方倾斜，此时右手握拍要随挥拍击球的轨迹保持充分伸展，继续向前下方挥摆，并随身体发力时的转体动作使球拍挥至身体的左侧下方，右脚可以随发力动作向前跟进。随挥动作结束后要立即做好平衡和回击球准备。

七、发平击球

（一）动作要领

1. 握拍方法

大陆式或东方式握拍法。

2. 准备姿势

左手持球，右手握拍，侧对球网站立于端线后中场标记附近，左脚与端线约成45°角，右脚基本与端线平行。左手持球于掌指关节处，掌心向上，球靠近球拍拍颈，高度在腰附近，拍头指向球网方向，身体重心落在左脚上。

3. 抛球和引拍

抛球位置和击球点位于头的前上方12点的位置。

4. 动力链系统

蹬地→转髋→转体→手臂绕肩（动力环）→肘部伸展→小臂外旋→随球动作和落地平衡。

5. 击球点

右手小臂略外旋，掌心朝向前方，平击球的中后方部位。

6. 随挥动作

球拍击球后要随挥拍击球的轨迹。保持充分伸展，继续向前下方挥摆，并随身体发力时的转体动作使球拍挥至身体的左侧下方，右脚可以随发力动作向前跟进。随挥动作结束后要立即做好平衡和回击球准备。

（二）特点

平击发球在诸种发球中是球速最快的发球法，也叫炮弹式发球。该发球不但球速快，而且反弹低。如果身材高大就可以借助高点击球的空中优势直接进攻对方，如身材较矮小就不宜使用平击发球。这种发球虽然力量大、球速快，但外角落点难以拉开，命中率比较低。

八、发侧旋球

发侧旋球使球员将对手以有效的方式逼至场外，因为这种球过网落地后弹向侧面，是对付接发球站位较远的选手较为有效的技术。

（一）握拍方法

采用大陆式握拍。

（二）准备姿势

左手持球，右手握拍，侧对球网站立于端线后中场标记附近，左脚与端线约成 45°角，右脚基本与端线平行。左手持球于掌指关节处，掌心向上，球靠近球拍拍颈，高度在腰附近，拍头指向球网方向，身体重心落在左脚上。

（三）抛球和引拍

发右侧旋抛球时，通常将球抛向前方稍靠右侧（右手执拍的球员）。然而，对于高水平的球员，抛球动作应基本上一样，使发球具有隐蔽性。

（四）动力链系统

蹬地→转髋→转体→手臂绕肩（动力环）→肘部伸展→小臂自然发力→随球动作和落地平衡。

（五）击球点

击球点于头部右前 1 点钟的位置切击球的后部偏右（右侧旋）。

（六）随球动作

拍击球后要随挥拍击球的轨迹，保持充分伸展，继续向前下方挥摆，并随身体发力时的转体动作使球拍挥至身体的左侧下方，右脚可以随发力动作向前跟进。随挥动作结束后要立即做好平衡和回击球准备。

九、发上旋球

上旋发球因其过网弧度高，下坠有力，落地反弹高远，所具备的稳定性和防御能力为所有优秀球员在第二次发球时采用。

（一）握拍方法

大陆式或西方式反拍握拍。

（二）准备姿势

左手持球，右手握拍，侧对球网站立于端线后中场标记附近，左脚与端线约成 45°角，右脚基本与端线平行。左手持球于掌指关节处，掌心向上，球靠近球拍拍颈，高度在腰附近，拍头指向球网方向，身体重心落在左脚上。

（三）抛球和引拍

发上旋球时，将球抛向头的左后方（用于右手执拍球员）。然而，对于一些高水平球员来说，会将球抛向左上以提高二发速度。

（四）动力链系统

蹬地→转髋→转体→手臂绕肩→肘部伸展→小臂发力向上→随球动作和落地平衡。

（五）击球点

球拍由后下方向前上摩擦击球的中后或侧后部。

（六）随球动作

击球后球拍随击球的轨迹。保持充分伸展，继续向前上方挥摆，并随身体发力时的转体动作使球拍挥至身体的一侧。随挥动作结束后立即做好平衡和回击球准备。

（七）练习方法

如图 17、图 18 所示。

目的：提高发球的成功率和精准度。

要求：

1. 抛球位置合理、固定。
2. 发球站位合理。
3. 发球动作完整、流畅。

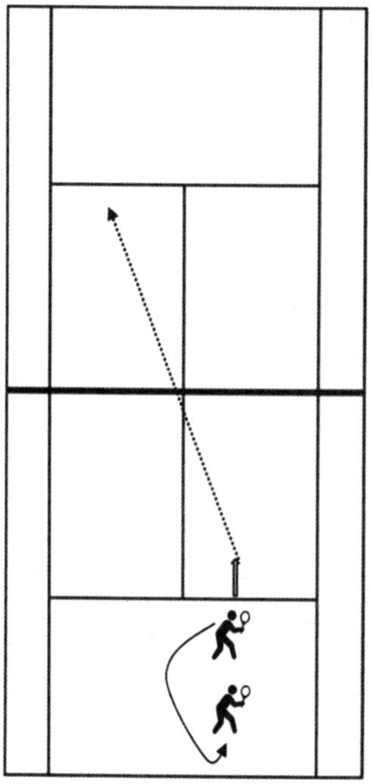

图 17　发球辅助练习

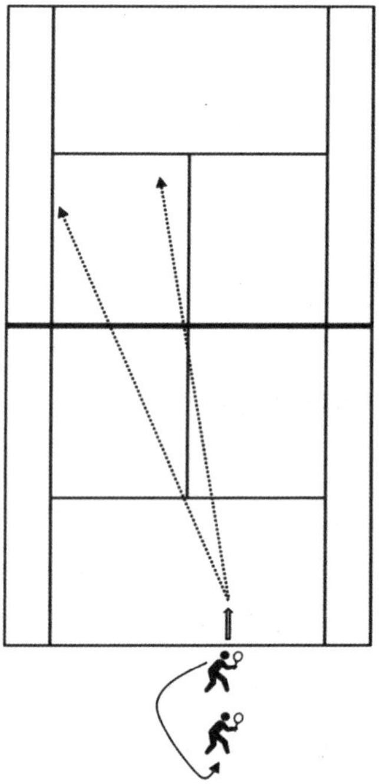

图 18　完整发球练习

第二章　网球常见战术介绍

第一节　单打基本战术

一、上网型

（一）打法类型分析与说明

上网型打法在实战中比较多见，尤其在草皮场地的比赛中更是如此。上网型打法的主要指导思想是利用网前技术作为进攻得分的主要手段，这类打法要求运动员要有较突出的奔跑速度、快速的反应能力和很好的控制球的能力。上网型打法主要分为发球上网、随球上网、接发球上网、伺机上网。

（二）基本战术

1. 发球上网基本战术

利用发球的力量、速度、旋转与角度使对方出现被动接球，并随着发球所获得的优势主动上网抢攻。

（1）右区发外角球：利用速度较快的平击发球或侧旋球发向对方外角（使对方基本在外场回球），发球后快速跑至发球线中线偏左侧的附近，一拦对方正拍直线球或角度不大的斜线球。

（2）右区发内角球：利用大力平击发球或上旋球控制对方进攻，发球后快速向中场附近跑动，判断对方击球角度并伺机截击对方回到中场附近的回球，回球目标应向着对方的底线的两个角尽量打深。

（3）左区发外角球：利用平击大力发球或发侧旋球使对方在边线附近回球，发球后迅速跟进冲向中场偏左侧，截击对方回到本方中场附近的直线或斜线回球，截击球回球目标为对方底线两个角。

（4）左区发内角：利用平击大力发球或发侧旋球使对方在中线附近回球，发球后迅速跟进冲向中场稍偏向右侧，截击对方回到本方中场附近的斜线球。截击球回球目标为对方底线两个角。

2. 随球上网基本战术

随球上网战术主要是指在实战中当对方回球出现质量不高的中场球或落点较浅的球时，利用正拍或反拍抽出较大角度和较深落点的球，并随着抽球动作上网的战术，在比赛中是一项主要得分手段。该战术要求在上网时看准时机，只有在对方回球出现质量不高的中场球时方可采用该战术，值得一提的是在抽击对方质量不高的来球时必须较好地控制抽球动作并做到抽出落点深、角度大、速度快的球，以保障上网截击的绝对主动。随球上网战术既要做到看准时机果断上网，又要有能力主动创造机会争取上网。

（1）利用平抽或上旋抽球击出较深落点的球，使对方无法主动发力而回球较浅，随着击球动作上网。根据对方回球线路有以下几种进攻路线：

① 对方回球位于正拍击球位时，可回击对方直线或斜线球，抽球目标为对方底线两个角或打出小斜线。

② 对方回球位于中线附近反拍击球区域时可回击对方直线或斜线球，击球目标为对方两个底线的角。

③ 对方回球位于反拍三分之一区域时，或球速较慢的来球落点在反拍三分之二位置时，可采用正拍侧身攻球抽对方的斜线或直线。

（2）利用平抽、上旋抽球、削球技术击出角度大、落点较深的左斜线球（按己方击球方向），使对方回球困难而出现浅落点小角度的回球。在自己击球后随动作上网。上网后击球路线根据对方回球落点有以下几种：

① 对方回球位于正拍击球区域时抽击直线球，击球目标为对方底线左侧角。

② 对方回球位于反拍击球区域时抽击斜线球，击球目标为对方底线左侧角。

③ 对方回球位于反拍位置而且来球速度较慢时，利用正拍侧身攻抽斜线球，击球目标是对方底线的左角。

（3）利用平抽、上旋抽球、削球技术击出角度大、落点较深的右斜线球（按己方击球方向），使对方被动接球出现浅落点、小角度的回球。在自己击球后随击球动作上网攻击。根据对方回球落点和角度，上网后的击球线路有以下几种：

① 对方回球位于己方正拍击球区域时，利用正拍抽斜线球，击球目标为对方底线右角。

② 对方回球位于己方反拍击球区域时，利用反拍抽直线球，击球目标为对方底线右角。

③ 对方回球位于己方反手击球位置但球速不快的情况下，利用正拍侧身攻抽斜线球或直线球，击球目标为对方接近底线的两侧边线附近。

3. 接发球上网战术

接发球上网战术主要针对接对方“二发”。由于二发无论从力量上还是从速度上都要小于一发，所以二发的攻击性比一发要小得多，有利于接发球方。接发球上网战术就是以此为实施基础的。接发球上网战术要求运动员要有较快的反应速度和起动速度，而且上网接发球一般要打球的上升期，这对上网前的接发球技术要求较高，通常要有较强的击上升期球的技术做保障。网球爱好者可以通过针对性的练习使该技术得到提高（加强击上升期球的练习），从而为接发球上网战术做好技术保障。

（1）对方右区二发己方外角球时，可利用拉抽上旋球、正拍击下旋球（切削球）或推送式击球方法打直线球，击球目标为对方底线左角。

（2）对方右区二发己方外角球时，可利用平抽或抽上旋球打斜线并随之上网，击球目标为对方底线右角附近。

（3）对方右区二发己方外角球时，可利用平抽中路或抽上旋球打小斜线并随之上网，击球目标为对方底线中路或边线右角附近。

（4）对方右区二发己方内角球时，可利用反拍抽上旋球、反拍击下旋球（削球）打对方底线的两个角并随击球动作上网。

（5）对方右区二发己方内角球时，如果其落点位于反手位但靠近身体时，可利用正拍侧身攻球打斜线，并随击球动作上网。击球目标为靠近对方底线左角。

（6）对方右区二发己方内角球时，如果其落点位于反手位但靠近身体时，利用正拍侧身攻球打对方底线靠近右角的位置，击球后随动作上网。

（7）对方左区二发内角球时，可以正拍稍侧身抽斜线或直接抽对方底线左侧角，击球后随动作上网。

（8）对方左区二发内角球时，利用正拍抽球、下旋切击球或推击的击球方法打对方底线的两个角并随击球动作上网。

（9）对方左区二发外角球时，利用反拍抽球或削球打对方直线，击球后随动作向右侧前方跑动上网。

（10）对方左区二发外角球时，在角度不大时可以利用反拍抽球或削球打对方斜线，并随击球动作向前方中线右侧位置跑动上网。

4. 伺机上网战术与偷袭上网战术

伺机上网与偷袭上网战术在实战中具有出奇制胜的效果，一般在对方发球注意力较为集中的情况下，突然改变接发球方式而主动上网，使对方防不胜防。另外，在底线对峙时利用加深击球落点或加大击球角度而突然随球上网也会收到同样的效果。伺机上网与偷袭上网战术的采用要在对方意想不到的情况下实施，或者在当对方注意力集中在一种打法的情况下采用。其主要目的和作用就是破坏对方击球节奏，打乱对方战术意图，从而获取场上主动。在实战中偷袭上网与伺机上网主要有以下几种方式：

（1）在通常底线接发球的情况下，根据战术需要突然改为接发球上网。

（2）在一般接第二发球上网的情况下，突然改为底线接二发而在接发球后随击球动作上网。

（3）在底线对峙的情况下，突然打出大角度或深落点或有力的上旋球而随击球动作上网。

二、底线型

（一）打法类型分析

底线型打法的战术内容非常丰富，在实战中富于变化。通常的底线型选手都是以正、反手抽球为主要的战术基础，并在此基础上进行战术组织与战术变化。底线型打法的关键要素在于速度、力量、落点、线路和旋转。底线战术划分为对攻型、拉上旋球进攻型、控制落点伺机进攻型、侧身进攻型、防守反攻型、压迫式进攻型。

（二）基本战术

1. 对攻型

采用此战术的选手一般对自己的底线攻球具有很强的自信，并具有连续进攻的能力。通过在战术实施过程中进一步加强自信同时削弱对手的自信，使自己的主动进攻成为主宰比赛胜负的主要因素。

（1）以正、反拍有力的抽球在速度和力量上攻击对手，形成力量和速度上的优势。

（2）抓住对方的一个弱点连续以正、反拍抽球进行攻击。

（3）利用击球线路的改变和角度的变化调动对手使其失误。

2. 拉上旋球进攻型

上旋球一方面可以有效地限制对方进攻，另一方面可使对方的击球位置后撤，这样就会为自己创造出有利的得分机会进而得分。在运用此战术时必须要很好地掌握好平抽技术及其他攻击性击球技术（致胜球能力），以保障自己在得分机会来到时可以给对方致命的一击。

（1）两边大角度拉上旋球调动对手，伺机攻击或使对方失误。

（2）一边压对手一边伺机突袭另一侧。

3. 控制落点伺机进攻型

一般在自己底线抽球力量和速度不足以明显压制对手的情况下采用，主要作用是抑制对手进攻，为自己创造出绝对主动的进攻机会。

（1）抽对方两个底线的角并利用两边来回调动和打重复落点的球，使对方回球质量下降，进而创造出战机。

（2）一边压对手一边伺机突袭另一侧。

（3）利用长短落点的变化，左右角度的变化调动对手并伺机攻击。

4. 侧身进攻型

侧身进攻战术需要强有力的侧身攻击的能力，一旦侧身攻球出现击球无力或击球角度与线路不合理的情况，自己场地的正手位会给对方留下进攻的大空当。

（1）通过控制球的落点和击球角度创造侧身进攻机会。

（2）通过主动压迫式进攻创造侧身进攻机会。

（3）连续进攻对方反手位创造侧身进攻机会。

5. 防守反攻型

在对手进攻能力较强时，利用自己防守能力，力争控制好击球的落点、角度和击球线路，在对方回球出现被动的情况下或对方回球质量不高的情况下进行反攻的战术。

（1）反复回击对方弱点位置，如对方反手击球能力差，则多打对方反手位置，使其回球质量下降进而反击。

（2）利用线路变化、落点变化调动对手，伺机反击。

（3）利用旋转变化控制对方进攻，在对方回球质量下降的情况下进行反击。

6. 压迫式进攻型

主要指在击球速度上压迫对方，使其没有充分的击球准备时间而只能被动还击，在此基础上进行，连续的攻击，使对手不得喘息，进而争取主动并得分。

（1）利用迎前击球尽可能打球的上升期，加快回击节奏，提高击球速度，使对方回球准备不足。

（2）连续压制对方薄弱的一侧，伺机突袭另一侧。

7. 全面型（综合型）

与其说是一种打法类型，不如说是技战术水平达到极高水准的选手所具备的能力。这种能力可以针对不同的技术打法类型和不同的实战战术，你有上网战术、我有破网能力，你打控制球战术、我进行反控制，等等。该战术要求运动员技术全面，没有缺陷，并具有良好的应变能力和发现对手弱点的能力。实战中全面型打法的运动员在战术上一般是应变，但这个应变是具有针对性和克制性的。

第二节　双打基本战术

双打项目包括男双、女双和混合双打。世界上一些重大赛事中双打项目占的比重较大，如奥运会比赛设有男双和女双比赛，亚运会设有男双、女双和混双项目。在设有团体赛的赛事中第三场比赛都是双打比赛。

双打比赛是两个人在场上进行比赛，它既需要个人的技战术水平与比赛能力，更着重两人之间的默契配合。双打比赛中的战术与单打比赛有着明显的区别，网前球及网前的争夺是双打比赛的主要战术特点。双打比赛对发球的要求比较高，高质量的发球一方面可以直接得分，另一方面在不能直接得分的情况下也可以有效地抑制对方的进攻，从而获取场上的主动。反过来说，双打比赛中对接发球也要求有较强的能力，好的接发球可以直接由接发球被动的位置反过来成为主动的一方。双打比赛要求运动员具有快速的反应能力及超前的判断能力，同时在网前截击球时要求具有较强的控制球的能力。以上这些双打比赛中要求具备的能力可以通过长期的和有针对性的训练得到提高。

一、双打比赛中的站位方法介绍

双打比赛中运动员的站位非常重要，实战中运动员的站位要根据个人技术特点、同伴技术水平与能力和对手的技战术水平的具体情况而定。双打比赛中运动员的站位分发球时站位与接发球时站位。

（一）发球时站位

1. 前后式站位

前后式站位在各种级别的比赛中都比较常见，是大多数运动员采用的站位。前后式站位的特点是网前队员以控制自己站位一侧的对方直线回球为主，并伺机移动力争强网高位截击。网前队员可根据发球队员发球性能和线路变化进行适当的左右位置调整，并根据一发和二发采用更靠近网前的位置或向后调整站位。

2. 澳大利亚式发球站位

澳大利亚式发球站位的特点就是网前的队员位置更靠近中线，在同伴发球时网前队员很多时候要采用下蹲的姿势，它的优点就是对中线附近的球控制增强，这一点有赖于发球员具有控制能力的发球，其缺点和不足是运动员下蹲姿势在起身接球时动作易受影响，另外左右两边空当过大，一旦发球失去控制和威胁，则会给对方留下破网的空当。

3. 双底线站位

双底线站位通常是发球能力较差的选手所采用的防守站位。

（二）接发球时站位

接发球时站位分为前后站位与双底线站位，在实战中要根据对手发球情况与本方队员网前能力而进行选择。一般在本方底线能力特别强或对方发球能力较强及本方接发球较弱时或网前截击技术特别弱时采用双底线站位。除此之外大都采用前后站位。

二、双打比赛中战术运用

在双打比赛中发球局与接发球局的战术有着明显的区别，对这一点要有清醒的认识。同时，在制定双打战术时要充分考虑两人的技术特点和实战能力，不能简单地以单打战术来代替双打战术。一方面要加强技术优势，另一方面要回避技术薄弱环节。在此基础上要认清认准对方的薄弱环节，坚持攻击。双打比赛战术可分为两大类，即发球局战术和接发球局战术。

（一）发球局战术

1. 发球人控制底线，其同伴网前截击，主要适用于底线球技术好、威胁大并能为网前同伴制造得分机会的队员发球轮次。其战术特点是底线队员回球具有抑制对方进攻的能力，并在回合球中占据主动，一方面可以底线直接得分，另一方面通过底线击球制造机会由网前队员一击绝杀。在战术实施中要注意对方双上网时具有有效破网的手段和能力，可利用上旋高球吊其后场，也可以利用对方空当穿越破网。在对方位于中场位置时还可以打对方脚跟球（落点在击球人脚附近的球）控制对方上网进攻。

2. 发球后上网

此战术要求发球队员一发成功率要高，为提高一发成功率可以有意识地降低一发的速度与力量，转而以落点和旋转控制住对方，为自己上网创造条件。网前队员在守好自己一侧的基础上也要根据对方回球积极移动进行抢网截击。

3. 发球后抢网截击

所谓抢网，指的是网前队员在本方队员发球后，快速跑向自己站位的另一侧，预先等在对方可能回球的线路上，然后截击对方回球。运用此战术时要与网前队员形成默契，可以利用网前队员在背后做的手势作为抢网战术实施的信号。另外，网前队员一旦实施抢网战术，发球队员要对网前队员跑动后留下的空当进行补位防守，以防对方突然打出直线球。

（二）接发球局战术

接发球时可采用前后站位，也可采用双底线站位再伺机上网。对于接发球一方而言，首先要接好对方的发球为前提，接不好发球战术就无从实施，所以接发球战术的实施和使用关键在于接发球技术与能力。实战中对对手发球能力、网前能力、一发和二发的变化要有清楚的了解，要做到预先有了解，来球早判断，调整要及时。接发球局战术除上述两种站位方法及相应打法外，还有接发球网前队员抢网战术和接发球双上网战术。具体应用要根据队员技术能力和本方击球效果及对方回球质量而定。接发球局战术要做到既积极主动，又避免盲目性和急躁性。

1. 接发球双底线站位

接好发球在回合球中控制对方进攻并伺机上网抢攻。

2. 接发球前后站位

接发球人控制好底线球，网前球员伺机截击。

3. 接发球双上网战术

接对方发球后随击球动作上网截击。

4. 接发球网前队员抢网

网前队员根据接发球队员接球情况在出现机会时抢网截击。

（三）双打常见战术练习方法

1. 前后式站位

项目内容（如图 1 所示）。

（1）正手斜线。

（2）正手斜线深度。

（3）正手高球。

目的：提高前后站位底线球员对抗能力和换位配合。

要求：

（1）步伐准确，移动到位。

（2）回位位置准确。

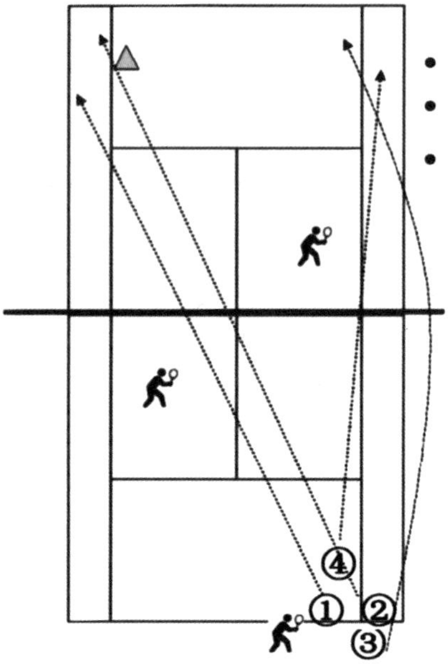

图 1　前后式站位底线对抗和位置变换练习

（3）动作完整。
（4）观察对方网前对手站位。
2. 前后式站位变换站位和截击练习
项目内容（如图 2 所示）。
（1）发球。
（2）正手击球。
（3）跑动反拍。
（4）前场拦网。
（5）中场击球。
目的：提高前后式站位换位和截击能力。
要求：
（1）步伐准确，移动到位。
（2）回位位置准确。
（3）动作完整。
（4）观察对方网前对手站位。

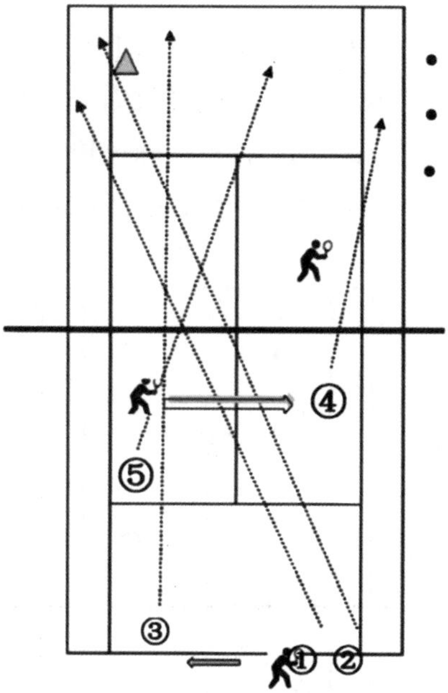

图 2　前后式站位变换站位和截击练习

3. 前后式站位对双上网练习
项目内容（如图 3 所示）。
（1）正手击球。
（2）正手击球。
（3）前场拦网。
（4）中场击球。
目的：提高前后式站位对双上网的对抗能力。
要求：
（1）教练员送球后上网。
（2）第一拍瞄准教练员脚下。
（3）控制过网高度。
（4）中场球加速进攻。

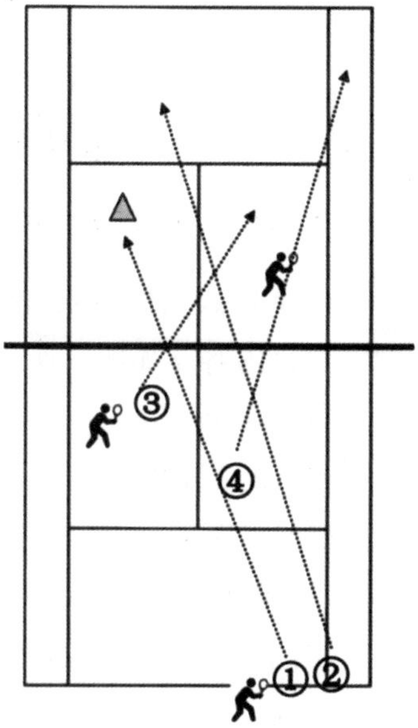

图 3　前后式站位对双上网练习

4. 前后式站位对双上网站位练习
项目内容（如图 4 所示）。
（1）正手击球。
（2）正手高球。
（3）前场拦网。

（4）中场击球。

目的：提高前后式站位挑高球破网能力。

要求：

（1）教练员送球后上网。

（2）第一拍瞄准教练员脚下。

（3）第二拍挑高球过顶。

（4）网前球员根据高球质量选择站位。

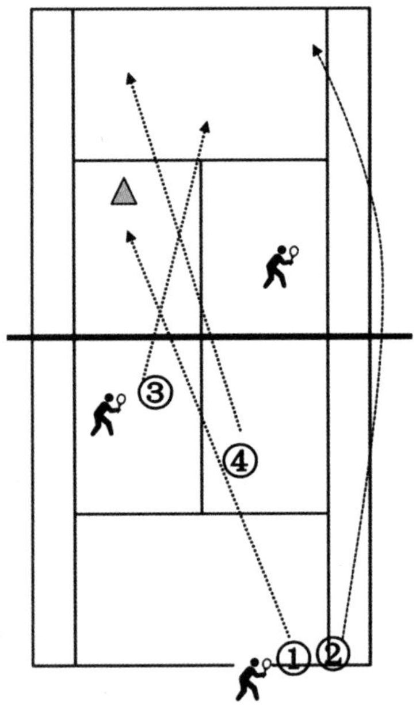

图 4　前后式站位对双上网站位练习

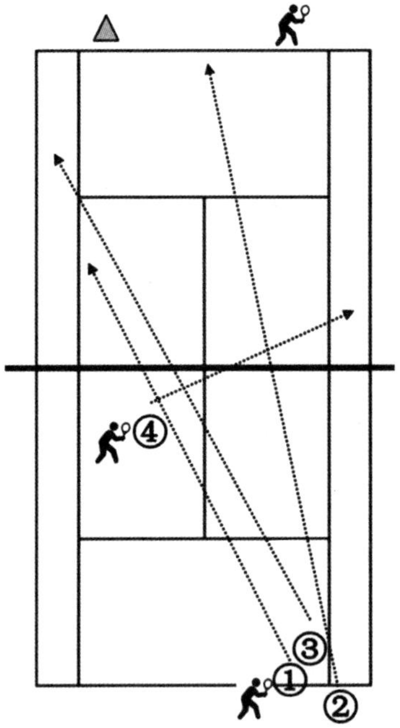

图 5　前后式站位对双底线站位练习（一）

5. 前后式站位对双底线站位练习（一）

项目内容（如图 5 所示）。

（1）发球。

（2）正手击球。

（3）正手进攻。

（4）前场拦网。

目的：提高针对双底线站位的对抗能力。

要求：

（1）发球后快速衔接。

（2）底线击球瞄准结合部。

（3）中场进攻落点明确。

（4）网前击球瞄准前场空当。

6. 前后式站位对双底线站位练习（二）

项目内容（如图 6 所示）。

（1）发球。

（2）正手击球。

（3）正手进攻。

（4）前场拦网。

目的：提高针对双底线站位的对抗能力。

要求：

（1）发球后快速衔接。

（2）直线压迫限制对手击球角度。

（3）直线进攻落点明确。

（4）网前球员中路抢网。

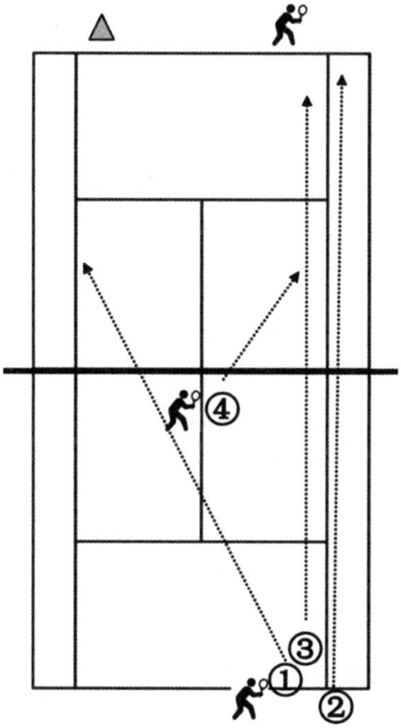

图 6　前后式站位对双底线站位练习（二）

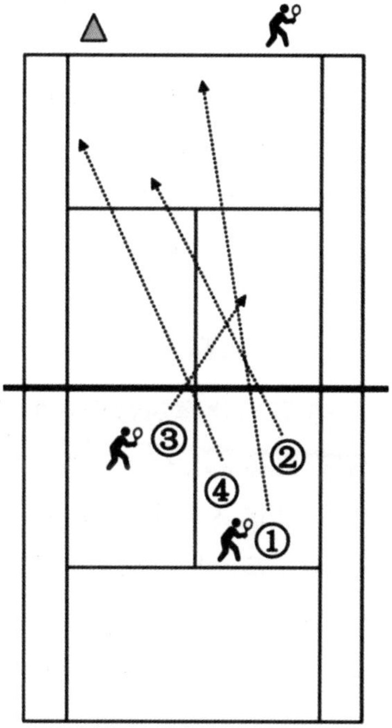

图 7　双上网站位对双底线站位练习

7. 双上网站位对双底线站位练习

项目内容（如图 7 所示）。

(1) 中场拦网。

(2) 前场拦网。

目的：提高双上网的对抗能力。

要求：

(1) 一拦前垫步时机准确。

(2) 一拦中路推深。

(3) 前场拦网落点明确。

(4) 保护双上网结合部。

8. 前后式站位转双上网站位练习

项目内容（如图 8 所示）。

(1) 随球上网。

(2) 中场拦网。

(3) 前场拦网。

(4) 高压球。

目的：提高随球双上网的对抗能力。

要求：

(1) 一拦前垫步时机准确。

(2) 一栏中路推深。

(3) 前场拦网落点明确。

(4) 高压球落点明确。

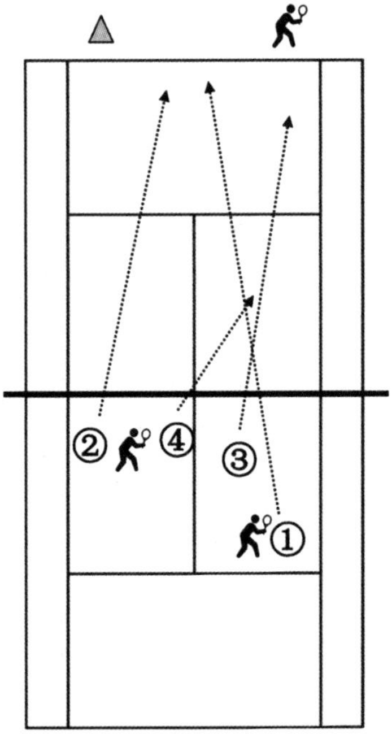

图 8　前后式站位转双上网站位练习

三、双打比赛

(一) 双打比赛对青少年的益处

双打比赛对培养青少年选手有着较大的益处和帮助：

1. 强调提高一种全面的打法。

2. 给予运动员打网前的信心，因为每人只防守半个场地。

3. 鼓励他们采用进攻型打法，尤其是发球上网截击。

4. 给运动员们提供了采用比单打时角度更大的打法的机会。

5. 提高稳定而准确的接发球能力。

6. 提高快速反应的能力。

7. 鼓励配合默契和相互呼应，它要求运动员相互合作。

8. 提高技战术中运用高球，尤其是上旋高球的能力。

9. 运动员感到的压力较小，因为他有同伴分担压力，因而他们常常更多地体会到的是乐趣。

10. 双打比赛中的成功可导致单打比赛中信心的增强。

（二）双打比赛对职业选手的益处

1. 在团体比赛中（戴维斯杯），双打往往是决定胜队的比赛。

2. 提供额外的练习时间和额外的奖金。

3. 双打排名高可以省钱，因为参加双打正选赛的选手即使未能取得参加单打比赛的资格，也能受比赛期间的免费接待。

4. 双打比赛中获胜（如战胜排名高的单打选手）可使运动员对在单打比赛中有惊人的突破产生信心。

（三）双打配对的确定

确定配对时需遵循以下几点：

1. 如果有一名实力强的选手，通常他应打二区（左场）一侧，因为通常他在这一侧能得更多的局分。

2. 如果有一名左手握拍选手，通常他应打左侧，两名选手的反手都比正手好的情况除外。

3. 如果有一名善于打右场（一区）或左场（二区）的选手，他应打擅长的一侧。

（四）双打比赛的准备

准备双打比赛时，运动员应有针对性地运用战术：

1. 对于不了解的对手：尽快尽可能多地了解对手并制定对策。

2. 对于熟知的对手：提前找出对手的技战术的长处和弱点，以此为基础准备比赛方案。

比赛情况	问题分析
猜先	✓ 是否有一边占便宜（如太阳、风等）？ ✓ 谁来第一个发球（信心最强的选手、队长、环境和战术的考虑）？ ✓ 如果你抽签占先，并希望你们当中一人在选定的一边第一个发球（如左手握拍选手），那么让对方先挑。
对方接发球	✓ 估计采用什么类型和什么方向的回球（大力接发球、求稳的接发球、斜线球、打网球选手的直线球、高吊球、单双打线区的落点球、低球、高球、快速球、中速球）来接我们的发球（平球、侧旋球、上旋球、外角球、追身球、中路球）。 ✓ 接二次发球时的变化，打反手一侧。 ✓ 对方接发球可能的站位（侧向、正常、靠右、靠左）。
发球手的同伴	✓ 我是否可以抢打对方的回球？是还原还是换位有利？ ✓ 我是否应使用信号？
我方发球方案	✓ 在比赛中我们将采用何种类型的一发和二发？

（续表）

比赛情况	问题分析
我方第一截击方案	✓ 什么是接发球一方常用的站位和移动（一前一后、抢打、两人在底线、削球上网、同伴封网）？ ✓ 比赛过程中我方将采用何种类型的第一截击？ ✓ 我方能否改变站位、发球或移动？
我方发球并双上网	✓ 他们一前一后：他们抽球时通常打的落点（中路、斜线、直线）？他们求稳时击球的落点（中路、角度、单双打线区、挑高球）？ ✓ 他们两人打底线：是否有弱的一侧？我们可否专打一人？能否判断对方挑高球？ ✓ 他们打双上网：他们站位是否太靠近？我们可否专打一人？
我方接发球	✓ 发球的类型和方向（大力发球、发稳球、发平球、发侧旋球、发上旋球、发外角球、发追身球、发内角球）。我们能否判断发球的落点或旋转？ ✓ 他们采用什么动作（抢打、两人在网前、一前一后、两人在底线）？ ✓ 我们应采用什么动作（抢打、双上网、一前一后、两人在底线）？
我方接发球方案	✓ 我们怎样回球（发力、求稳、打斜线或打直线破网、挑高球、打单双打线区、打低球、打高球）？ ✓ 如果他们换位，我们该怎样打？ ✓ 我们接发球时的站位（有无变通方案）？
我方第二拍的战术	✓ 对方谁的速度最慢？ ✓ 击落地球还是截击，哪种较好？用何种类型？
比赛过程中	✓ 十分重要的是善于观察对方的击球动作站位和倾向。运动员必须随时观察判断并就他们所见到的进行商量。必要时应改变方案。

四、双打比赛的战略战术

下表列出了每一对选手和每个选手的站位、发球和移动情况。

比赛情况	战略战术分析
站位	✓ 比单打比赛中更靠近单打线、在中线和双打线的中间。 ✓ 发球后根据你的同伴的位置，站位前移。
发球	✓ 一发达到 80%的成功率（稳一些、多些旋转）。 ✓ 发出的球要深。 ✓ 变换发球以保持发球的突然性。 ✓ 每一分发球前与你的同伴商定发球的落点。 ✓ 每次发球时力求发球上网截击。 ✓ 第一截击最好打中路或斜线截击至接球手的脚下。
移动	✓ 发球后脚落在场内，用几步冲刺上网，接着用一横跨步（接发球手触球的同时）产生向前的动量，为跨步打第一截击作准备。 ✓ 保持进攻的姿势。 ✓ 发球线内快速移动准备截击。 ✓ 向本半场中央移动。 ✓ 如果第一截击是斜线截击，向中心移动封住击球的角度。 ✓ 在其他的截击中，朝来球方向移动。

下表列出了发球手的同伴站位、击球和移动情况。

比赛情况	战略战术分析
站位	✓ 不要过分地防直线球。站在发球区的中央。 ✓ 动态姿势：前倾，处于动态，准备移动策应同伴。 ✓ 根据发球情况向前移动。
击球	✓ 一发达到 80%的成功率（稳一些、多些旋转）。 ✓ 发出的球要深。 ✓ 对手截击时补位。 ✓ 不要追求打角度，它会使你的同伴被动挨打。 ✓ 打对方的中路。 ✓ 可能时要抢（现在不抢，你永远也不会抢!）。 ✓ 采用抢打的三部曲（反应、判断和发暗号）。 ✓ 发球手必须了解口语暗号以示配合。
移动	✓ 听到发球的击球声时，开始向前移动。 ✓ 根据发球的方向（你应该事先知道）移动。 ✓ 如果发的是外角球，移动防直线球。 ✓ 如果回球是斜线球，可以抢打。 ✓ 如果回球击向发球手，应稍后退。 ✓ 如果回球是过顶高球，你应换位至相反一侧的发球线。 ✓ 如果使用封网假动作，作为一种变换的打法迷惑接发球一方。

注：发球方应力求避免出现发球手被迫打“内侧截击”的情形，例如，当发球发向正手一侧时，用反手截击。由于这是从这一姿势打出的第一截击，他就处于完全防守的状态。正确的打法是，发球手的同伴应力求抢打所有中路回球。

下表列出了发球方双上网的站位、击球和移动情况。

比赛情况	战略战术分析
站位	✓ 回击大力击球时封住角度。 ✓ 尽量靠近网前。 ✓ 根据对方的击球动作站位。
击球	✓ 站在斜线方向的选手将球击向中路。 ✓ 每个人应防守自己的高球。 ✓ 如果是打向中路的高球，由正手击球的选手扣杀，同伴移向一侧，让他打高压球。 ✓ 如果接发球选手站在后场，打一深的截击。如果接发球选手上网，打一短的截击。
移动	✓ 打保险球的移动：打角度、打落点、挑高球等。 ✓ 像“挡风玻璃上的刮水器”一样移动。两人像被一根约 2.4 米长的绳子捆在一起向左或向右移动。 ✓ 不可单独地侧向移动：准备两人同时上网或后撤救高吊球。 ✓ 如果一个选手追赶同伴身后的高吊球，两人都应回到底线。

下表列出了接发球一方的站位、击球和移动情况。

比赛情况	战略战术分析
站位	✓ 靠近底线，提前准备回球。 ✓ 根据一发或二发的质量决定站位靠前还是靠后。 ✓ 如果你能提前判断发球，改变站位（如跑动侧身吓唬发球手）。 ✓ 如果你想接发球后上网，站位稍靠近发球线。

（续表）

比赛情况	战略战术分析
击球	✓ 每次接发球应注意成功率。 ✓ 现代的双打风格：接发球时大力击球（击球的上部）。 ✓ 球路的选择：斜线球（大力击球或打角度）、直线球（大力击球）、打单双打线区（求稳）、挑高球（中路或直线）。 ✓ 接发球后打第二拍时，同样的球路可供选择。 ✓ 如果接发球质量高，力求上网得分。 ✓ 如果你要上网，接发球时打斜线。 ✓ 如果发球手留在后场，接发球时打深。 ✓ 接发球时变换你的球路。 ✓ 力求使对方向上截击。 ✓ 最有效的区域是打对方两人之间的中路（此处的球网稍低，对方两人可能混乱，此处截击的角度小）。 ✓ 比赛中，为防止对方抢打，打发球手的同伴或提前打直线，足以迷惑对方。 ✓ 感到别扭时，朝中路打高而深的高吊球。
移动	✓ 向前移动并作一横跨步。 ✓ 移动接外角球时，记住此时的回位并非像单打中那样重要。 ✓ 如果你要上网，向发球区的中央移动。 ✓ 如果你接发球质量不高，发球方抢打成功或发球手快速上网并在截击时打直线成功，你可能更愿意两人守后场。

下表列出了接发球选手的同伴站位、击球和移动情况。

比赛情况	战略战术分析
站位	✓ 在接发球后给发球手的第一截击制造压力时，这个选手应承担更多的进攻的任务。 ✓ 第二次发球时，这个选手可站在发球线以内，站位甚至可更靠前。
击球	✓ 如接发球不好，应拦击第一截击或防守。 ✓ 你的第一截击万不可放短球，要攻击对方的截击球（不进攻，必失败!）。 ✓ 如果是过顶高吊球，追上它，用高压或高空截击。 ✓ 截击时在身前而不是在身后击球。 ✓ 打高压球别扭时，打深、打中路。
移动	✓ 接发球的质量高时，向前移动。 ✓ 射线拦截抢打（同伴应移动封住对方的回球）。 ✓ 利用假动作作为变换的打法，迫使发球手截击时打直线。 ✓ 打斜线球时，成对角线向网前移动，而不要与网平行地移动。 ✓ 当同伴救高吊球时，另一选手也应后撤至底线。 ✓ 当同伴被逼向场外时，另一选手应采用单打时的站位迎击来球。 ✓ 接发球质量不高时，向后移动，或用几步调整站位，及时作出反应!

五、双打比赛的心理

（一）如何挑选双打的配对

选择双打的配对是项重要的决定。对于组成一对好的双打选手，提出了比技战术更多的要求。双打比赛的心理要求与单打比赛的心理要求完全不同。

重要的是每个选手都是另一选手在场上的个性的补充，因此两个选手之间应更好地相互了解，尤其是他们在压力下比赛时所表现的反应类型和行为方式。成功的双打配对常常是由个性截然不同，但又互补的选手组成，这种个性的差异常常是配对的长处，而非短处。应该给予时间让他们相互了解并讨论每个选手在处于压力的情况下如何做出反应。出现这种情况时，重要的是每个选手相互支持，稳定情绪，明确方向。

鉴于上述理由，可能有必要与不同风格的同伴尝试搭配（风格不同、个性不同等），以便力求确定何种类型的选手能做你的最佳搭档。

（二）沟通

一对好的双打选手的关键因素之一就是有效的沟通。沟通、相互尊重、理解、支持和体谅能帮助选手达到情绪稳定的状态。

与其说话不够，不如说话太多。每赛完一分，选手们应争取说些鼓励的话。

1. 向双打选手提的问题

有必要提出一些问题，以便帮助运动员更好地相互了解，从而在两人间产生有效的沟通：

✓ 你需要很多鼓励吗？

✓ 你喜欢多讲话吗？

✓ 你何时变得最紧张不安？

✓ 你对于批评是如何作出反应的？

✓ 当你犯了错误时，我该说些什么？

✓ 什么能帮助你树立信心？

✓ 什么样的行为能激怒你？

2. 双打比赛中语言交流的情形

在一系列的情形下，交流对双打比赛良好的发挥十分重要。下表中列举了不同的情形和几种可能性。

比赛情况	无效交流	有效交流
同伴在关键的一分失误	• 不说话。 • 不理睬同伴，立即进入下一分的比赛。 • “你在关键的一分打糟了。” • “为什么这个球接不起来？这可是关键的一分啊！”	• “好了，没事的。” • “加油，再来。” • “喂，准备再打，别担心！”
打关键分之前	• “你应该把这个球接好。” • “一切都看你的了！” • “别发双误”或者“打过去就行，求你了！”	• “好，拿这一分！”“你能行的！” • “我知道，这是我们的拿手好戏。” • “加油！”

（续表）

比赛情况	无效交流	有效交流
同伴打得不好	• “得啦，你的腿部再弯一点！” • （讽刺话）“你今天打得真棒！” • “我不知道我为什么找上你这么个搭档。”	• “加油，你能打好！” • “没事，能拿回来！” • “不再给了。”
同伴紧张	• “得啦，你让我发疯了，放松好吗！” • “求你，现在别发闷！”	• “加油，放开打！” • 使用幽默的语言帮助他放松。
同伴生气	• “我受不了你这种作风！” • “你爱怎么的就怎么的，我不在乎！”	• “好了，我们忘了它吧，已经过去了。” • “我们打好下一分。” • 使用幽默的语言
同伴兴奋不起来	• “我在拼命地跑，而你呢？” • “是不是要我一个人拿下这场球？”	• “加油，上！” • “看我们的了！打起精神！”

3. 双打比赛中非语言交流的情形

非语言交流（体态语言）常常比语言交流更有效。双打搭档的体态语言对两人的发挥至关重要。

成功的搭档在两分之间的间隙时间里有着非常积极的交流方式。在两分之间，由职业选手配对的搭档比由大学和业余选手配对的搭档更经常地进行积极的交流。现在的趋势是，双打搭档在发球时的交流比接发球时的交流更经常。

非语言交流有以下几种方式：

有效交流	无效交流
打完一分时，两人转身面对面。	转身避开同伴。
两人肩并肩地同步走（肩挨着肩）。	不愿意一起走。
用手势加强非语言交流。	不说话，避开交流。
身体接触（高举拳头，轻轻地拍背）。	不愿意身体接触。
主动积极地微笑。	面无表情、冷言冷语和极为不满。
经常眼神交流，点头示意。	眼神不交流或两眼看天。

4. 双打中的集体凝聚力

以下是增强双打中集体凝聚力的一些要点：

（1）对待队友要真诚、善解人意。

（2）帮助同伴树立信心。

（3）得分时和搭档互动鼓励。

（4）自身失误时不辩解。

（5）了解同伴的喜好。

（6）了解出现消极的非语言交流的可能性。

(三)在双打比赛中应该做的事

在两分之间的间歇时间里用于单打比赛的行为方式也可用于双打比赛。

	身体动作	放松	准备	常规动作
时间	3—5 秒	5—10 秒	4—8 秒	5—8 秒
非语言的动作	• 迅速转向同伴。	• 并肩行走。 • 双目注视同伴。	• 肩并肩走向后。 • 向发球手做手势。	• 发球：拍球。 • 接发球：前后挥。
思考或用语言表达的	• 高举拳头。 • “没问题。” • “加油！”	• “放开打！” • “拼，加把劲！”	• 商量下一分的策略（发内角！） • 说些鼓励的话。	• 练习一下动作。 • 想象击球的区域。

(四)关于双打比赛的其他提示

1. 利用交换场的时间与你的同伴沟通。

2. 充分利用 90 秒的时间坐下休息。

3. 每当进入下一局比赛时，商量策略。

4. 知道应该做的身体调节（用毛巾擦汗、喝水等）、情绪调整（放松鼓劲）和战术调整（方案等）。

5. 一起起立肩并肩地走向场地位置。

6. 记住：你们是一个集体！

第三节　心理素质战术

一、网球运动员需具备的心理素质

网球运动对运动员的运动知觉、思维敏捷性、注意力稳定性、意志品质、判断能力和运动决策的综合能力有着较高的要求。我们经常会看到平常理智、性情温和的人在比赛中竟会发脾气、摔拍子、大喊大叫。从这些言行中可以看出，网球是一项非常复杂的体育运动。比赛中情况瞬时变化，运动员要及时做出运动决策。有研究发现，在一场五盘三胜制的网球比赛中一名网球运动员大约要做 800—1 200 次运动决策，在激烈对抗的网球比赛中这些运动决策是在不到一秒钟的时间内完成的。网球运动员具备了包括心理技能在内的综合能力才能适应网球比赛激烈竞争的需要。

二、网球运动的精确性

从生物力学角度来看，运动员击球时拍面角度仅仅一两度的变化就可能导致球下网或飞出底线；击球力量的大小会决定球在界内还是在界外。因此，要做到持续反复地对不同来球找到精确的球拍角度和控制好精准的击球力量对运动员来说是极大的考验。技术动作即刻反映攻防效果，在比赛中任何技战术动作都关系到得失分，即刻反映得失分的特点，势必给运动员带来较大的心理压力。技术动作成功与否是运动员情绪迅速变化的重要原因之一。

三、网球比赛的阶段性

网球比赛的分与分、局与局、盘与盘都有间隔时间，在网球比赛中会出现局点、破发点、盘点和赛点这样的“临界点”，“临界点”时期会给运动员造成巨大的心理压力，这种压力使运动员注意力无法全部集中到比赛中去，考虑与比赛无关的事宜，患得患失，最终导致输掉比赛。比赛过程中每两次击球之间，运动员常常都有足够的时间进行思考并对击球方式做出决策，而这短暂的时刻却会给运动员造成极大的心理压力。网球比赛经常使运动员在思维和行动之间进行快速转换，使运动员产生心理偏差，心理偏差导致击球时出现技术动作失误。

四、网球比赛结果的不确定性

网球比赛是运动员隔网进行的单打独斗，大部分网球比赛不允许接受场外指导，运动员无法获得帮助，只能依靠个人力量赢得比赛。网球比赛没有时间限定，不会因为时间耗尽而输掉比赛，即使是在比赛中一直落后，甚至对手拿到赛点的情况下都有反败为胜的机会，比赛结果具有不确定性，这是网球比赛的魅力所在。

五、网球比赛外界因素对运动员心理状态的影响

网球是一项需要承受压力的体育运动。在一场网球比赛中，运动员要不断地承受来自对手、比赛环境，以及自身的压力所带来的考验与挑战。观众喧哗、主裁判误判、司线员喊叫、比赛日程和比赛时间的改变以及对手的古怪行为都会干扰运动员在比赛中正常发挥，这些因素影响着运动员心理状态，甚至可以微妙地影响到每一次击球。裁判员若有明显的误判和漏判，甚至偏袒对方，而运动员对此未做好充分的思想准备，就容易引起运动员不满、愤怒、自认倒霉、自暴自弃

等消极情绪；比赛中，观众的随意走动和发出的声响，会使多数运动员感到烦躁不安，有时观众的呼喊带有主观倾向性，在运动员运用技术前或失败后给予刺激，不仅会使运动员感到烦躁，还会感到恐惧，诱发不良情绪。

六、影响运动员比赛临场心理状态的主要因素

（一）客观因素

指在比赛中不能因运动员自身而改变的客观存在的情况，包括比赛对手的情况、场上比分以及观众、裁判、气候、比赛环境等外部因素。裁判员的执法尺度、观众的倾向性、天气突然的变化以及对手的言行，都对运动员的心理有一定的影响。

（二）主观因素

指运动员自身的因素，如：参赛目的、意志品质、技战术的发挥、个性特征、体能储备、自我暗示等。自身因素，又可分为先天性和后获性两大类。其中，先天性是运动员先天得到的，如运动员的个性特征（神经类型、气质特点等），先天性具有较强的稳定性，在运动员的一生中难以改变，同时，先天性因素对运动员的行为表现方式有直接和稳定的影响作用；后获性因素是运动员在成长过程中逐步获得和形成的认识、观念、态度、需要、评价等，这些因素具有可变性，容易在外部因素的作用下发生改变。对于易变的情绪状态而言，后获性因素是主要的影响因素。

七、心理调控能力在网球比赛中的重要性

在比赛中运动员发挥技战术水平的好坏与心理调控能力有着密切关系，在紧张激烈的比赛中运动员要具备迅速选择战术和合理地运用技术的瞬时决策能力，在全面观察场上情况的基础上迅速做出正确的判断，通过思考采取相应的对策，合理运用自身的技术和战术的配合，以自己之长制约对手。

（一）确保技战术水平的有效发挥

心理调控是运动员发挥技战术水平的核心，可避免运动员技战术水平发挥不正常的现象。心理调控能力支配技战术运用，影响技战术的正确实施，因而心理调控能力是网球比赛中技战术运用的有效保证。

（二）稳定情绪激发斗志

在比赛处于被动局面时，运动员通过心理调控，获得愉悦的心情，稳定情绪、激发斗志，保持旺盛的斗志和必胜的信念。具备良好心理调控能力的运动员

能够更好地运用技战术，在比赛中寻找对手的弱点，抑制对手的长处，使自己的优点得以充分发挥。

八、参加比赛的心理准备与调节

（一）加强赛前心理准备

运动员理想的竞技状态可描述为以下 4 点：

1. 身体运动自如，不紧张，力量、速度和灵活性发挥之好使自己也感到惊讶；

2. 聚精会神，注意力集中在竞赛活动上，头脑里想的就是竞赛；

3. 身心协调，动作感觉一致；

4. 感受到是一种享受，这种体验是令人愉快的，不仅对运动成绩满意，对对手都感到称心或高兴。

这种理想的赛中心理状态主要在于赛前有系统的准备和长期训练的结果。因此，如何在赛前做好心理准备对于比赛的胜负有直接的影响。做好赛前心理准备工作至少有两个用意，一是对比赛能逐渐提高注意力，二是能给自己带来放心感。赛前应该做如下准备。第一，要有良好的身体方面准备，如睡眠不足对身体和心理方面都会造成一定影响。第二，在去往赛场路上或者在赛前的热身活动中，可以听一些喜爱的歌曲，这些歌曲应该是可以激发和唤起兴奋作用的歌曲，一边听着美妙的歌曲一边想象着打出完美击球的过程。第三，对比赛方案要充满自信，要了解对手的习惯战术、性格等，要预见因场地、观众和裁判而可能出现的复杂情况，在比赛过程中一定要注意执行情况，要灵活运用，有利于自己的比赛要坚决执行，反之，要毫不犹豫改变方案。第四，饮食时间要合理，内容要科学；比赛前两个小时进食最为合理，食物能够完全消化，向肌肉组织能量转化也能达到充分；饮用果汁、牛奶、水等水分多的饮料，宜食用粮食作物做的食品和面包等，或含碳水化合物多的食物，这些都是能量的来源。第五，自我放松和表象回忆，自我放松主要是通过赛前进行自我暗示实现的，做法是让自己闭目仰卧或静坐，聚精会神地想象自己肌肉放松，不要过多考虑比赛的胜负，逐步消除赛前紧张情绪，达到平时训练的状态，得到充分休息；表象回忆是运动员在自己头脑中回忆以前的比赛情况，如以前比赛时令人兴奋的场面、动作、情绪甚至欢呼胜利的场景（包括和对手的比赛），激起运动员渴望胜利的冲动，这种状态是获得比赛胜利重要的心理条件。

（二）在比赛过程中调节自身的心理变化

在一些关键的比赛当中，运动员经常会出现几种比赛状态：第一种，领先时容易放松或急躁，想得比较多，注意力不能集中到比赛中；第二种，落后时容易放弃或慌乱；第三种，相持时缺少耐心，一旦失误容易崩溃；第四种，关键时刻容易手软，缺少拼搏精神。

在比赛结束后我们经常会听到运动员谈到自己在比赛中出现的以上几种情况，如果运动员不能够及时调整，这些现象经常会直接影响比赛结果。

1. 进行自我暗示

自我暗示是运用自我肯定和有影响力的内部语言来调节自己的需要、动机和目的，以增强自信心和稳定情绪，预防和治疗自己的不良心理。如在比赛处于劣势或关键时刻，可以运用肯定的语言，如“我能行”“拿下他”进行暗示，也可以用“冷静”“跑起来”等和自己技术特点相关的语言来暗示。

2. 保持情绪稳定

比赛中影响运动员心理变化的有内在的和外在的因素。内在的因素有求胜心切、紧张、害怕等。外在因素也会刺激运动员的情绪产生变化，像比分的变化，观众的呐喊，裁判的误判，也有的运动员会做出具有挑逗性的言行来刺激对方。这些都会影响运动员的情绪，由于在网球比赛中不允许教练员进行指导，这就要求运动员及时调整心态。因此，在任何比赛情况下，运动员都要保持稳定情绪，这是比赛成功的基本保证。

3. 控制注意力

网球比赛运动员经常会碰到如何集中注意力的问题，运动员在比赛中经常会受到来自内部和外部的各种干扰。同时，还必须做出快速、准确的判断，在这种复杂情况下，运动员就应该排除各种想法、感觉、声音或身体感觉等干扰，把注意力集中在现有的每一分上，不能老想上一分打得好坏，无论在何时都要保持高度注意力，只有这样才能发挥最好。

4. 加强意志品质

意志品质是指在直观反应、判断、分析、思维的基础上为克服技术、战术、体能等一系列困难，从而实现自己既定的一种决断素质。在网球比赛中，紧张、高强度的对抗伴随着运动员整场比赛，很多比赛都超过了 2 小时甚至更长，在长时间这种高压状态下，运动员的身心都会出现疲劳状态，各项指标都会出现下降情况，更不要说在一些比分落后的比赛中，情况更加如此。如何克服困难是考验意志是否坚强，队员是否成熟的标志。

（三）赛后的心理状态及调节

无论胜负，一场比赛下来运动员都会产生一定的心理变化，获胜者会产生喜悦、兴奋、增强信心，这对运动员是非常重要的，鼓励运动员向着更高的目标奋斗。但有些队员也会产生负面的影响，骄傲自满、目中无人，对自己的优缺点认识不足，过高估计自己，产生轻视对手的想法。教练员要及时地观察运动员的言行变化，耐心提醒、帮助防止负面影响的发生。对于失败的运动员，教练员要及时进行心理辅导，要对比赛进行全面分析，使运动员认清自己的优缺点，学会自行调整，增强运动员在遇到困难时的心理承受能力。在今后的训练中要有针对性地进行改正，如：对于那些面对破发点破发能力差的，在训练中要安排他专门打破发点的比赛，让他体会破发点时的心理压力，从而克服怕输、手软、不敢进攻等毛病。同时，要鼓励运动员具有挑战欲望，在下一次比赛中战胜对手。

赛后要安排运动员积极休息，把注意力转移到场外，调节精神状态，有意识地进行一些有利心情舒畅的活动，例如，听音乐、游泳、进行别的体育项目，目的是消除疲劳和紧张情绪，促进机能恢复，缓解比赛带来的压抑和心理负担。

第三篇

大学高水平运动员训练

第一章　网球专项体能训练

第一节　专项力量素质

一、专项力量素质

根据网球运动的特点，速度力量和耐力力量是网球运动的主要专项力量素质。而网球运动员的力量是爆发性用力为主的，网球运动的技术动作很多都需要爆发力来完成，如各种移动需要腿部爆发力，发球时需要上肢和腰背的爆发力。网球运动员击球的爆发力不仅与身体的各部位协调发力有关，也与其上臂爆发力水平有关。对于一名优秀的网球运动员来说，肌肉的爆发性力量是必须发展的素质，特别是手臂、髋、膝和腰腹部、背部的屈伸力。

（一）杠铃训练

后深蹲；推举，两手提铃置于锁骨，做推举动作；卧推；三角肌杠铃，双手窄握杠铃经过头上，保持上臂笔直逼近头部，同时放下杠铃于头后。

（二）腹肌力量训练

仰卧起坐。

团身转体仰卧起坐：仰卧屈膝，双脚平放在地面上，双臂交叉胸前成“X”形。力求使臂部着地，起身时，将右肩拉至左腿。它对网球运动员来说是一种很好的练习。

1. 抬腿仰卧起坐：双脚抬起并置于一只盒子或凳子上，弓身并尽力使胸部贴近大腿。

2. 抬放腿：仰卧在地板上，双腿伸直置于空中；将双腿放下，然后抬起。重复这一动作。

3. 坐立转体：依靠臂部保持平衡，双脚稍离地面，上体后仰 45°，双手置于脑后，双肘向侧分开；双腿交替内外绕环，绕环时膝部靠向胸部。

4. 超人动作练习背肌；面朝下俯卧在地板上，双手置于脑后，双肘向两侧分开；同时抬头和抬脚曲背；保持这一姿势 5 秒，然后恢复到原先的姿势。

（三）实心球训练

1. 躯干：开始时将球置于运动员身后。运动员转动身体将球拾起，持球绕身体一圈，再将球放回背部，顺时针方向绕圈 10 次，然后逆时针反向绕圈 10 次。按运动员准备活动时的速度。这一练习能使运动员转动整个身体，这对击落地球时产生最大的爆发力十分重要。

2. 正反手练习：双手持一实心球并模拟正手和反手击球动作将球抛向同伴。

3. 上体：运动员站立，于头的上方持一只实心球；向后仰，然后用一只脚向前跨步，与此同时将球从头上抛出；与同伴一起练习，每名运动员传球 10 次。这一练习，用来锻炼大臂、胸肌和背肌。这一动作对于提高发球和高压球的速度有很好的作用。

（四）体重训练

利用自身体重进行训练的项目有：俯卧撑、指尖俯卧撑、拍胸俯卧撑、双抬腿俯卧撑、单腿举俯卧撑、单臂俯卧撑、俯卧提膝、引体向上、攀爬练习。

（五）其他力量训练方法

1. 滑轮拉力练习：为了增加臂力，用滑轮练习正手击球动作。面对滑轮尽量向后拉，眼向下注视来球。然后下蹲，两臂向外拉开做打低球动作。重复练习齐腰高的拉力运动，每次做拉力击球和跟进动作、直线击球、对角击球和反手击球。

2. 橡皮带练习：固定一根橡皮带，高度在肩部以上头部以下，背对橡皮带，将橡皮带尽量向前上方拉，主要训练二头肌。.

3. 哑铃练习：持哑铃推举，持哑铃头后拉肩，持哑铃箭步蹲跳。

第二节　专项速度素质

网球场上的运动大多数是短距离的移动，往往是在事先无准备或准备不充分的条件下，从动态中改变方向的移动，移动方向随机多变，大多介于 2—6 m 之间。移动形式大多采用分腿垫步、跨步、跑步、交叉步、冲刺步等形式。移动方向主要是侧向、向前和向后。运动员主要是靠预判各种来球、对方的站位等，然后根据本人技术和战术的需要，经过瞬间复杂的思维和判断，迅速采取行动，在整个反应过程中，不仅时间非常短促，而且运动员所遇到的情况也非常复杂。所以网球运动员的专项素质应着重于反应速度和动作速度。

在训练中应采取正确的方法来训练下肢、躯干、上肢、前臂内旋等诸多肌群的快速工作能力。

一、提高练习者的反应速度

1. 侧滑步移动训练：运动员沿网球场端线做侧滑步时，听教练哨声，向另一侧做快速侧滑步。

2. 短距离快速跑练习：15—30 米听信号起动加速跑、上下坡跑、上下楼跑等。

3. 反应性快跑：在网球场放 4—5 个标志桶，让运动员绕过标志物快速跑并每隔一个标志物摸一下再跑。

4. 短距离折返跑练习：在网球场底线到中线再到球网的折返跑，要求摸线后到球网摸球网后返回，反复如此。

5. 动作反应练习：假设有四位运动员，摆四张凳子成一个圆形，让运动员围着凳子转，教练喊停，看谁最先坐下，谁最后坐下。

6. 反应性游戏：运动员排队绕圈慢跑，间隔为 1 米，听教练员口令规定的几名运动员即几人成组，不符合组合人数者失败，失败者罚做俯卧撑。

7. 多球变换练习：教练为运动员喂多球，线路不确定，如正反手大斜线跑动、前后场跑动、底线两球前场一球截击两球（对击球线路作出数量要求）。

二、提高练习者的动作速度

1. 拉力练习：橡皮带找同伴固定，双手握住橡皮带抗阻力及各种动作拉力练习。各组各种动作练习 20—30 次，每组间歇时间为 60—90 秒。

2. 高抬腿接冲刺跑练习：原地高抬腿练习，听教练喊口令迅速起动跑出 10—15 米，频率及高抬腿时的高度不能下降。每组动作做 10—15 秒，每组间歇时间为 60—90 秒。

3. 执网球拍快速挥拍练习：30 秒正手反手等动作练习，一般采取以慢—快—最快—快—慢的动作速度节奏进行练习。

4. 快速哑铃练习：持 1 千克的轻哑铃，做快速底线、正反手底线、正反手截击动作。要求动作准，速度快。

第三节　专项耐力素质

网球运动员的专项耐力是指速度耐力和力量耐力。从大型比赛的统计看其强度常处于变化中，而且变化的幅度还常取决于对手技术水平高低和进攻能力强弱，这是网球专项耐力素质的特点之一。这种专项耐力素质还要始终与速度相结合、相适应。由于比赛时间较长，运动员大脑皮层长期处于紧张状态，对于神经系统的要求很高，这是网球专项耐力的特点之二。

一、法特莱克训练

运动员绕网球场慢跑 5 分钟（心率为每分钟 130 次）；运动员在场地上按照教练员的口令从一侧移向另一侧，移动 3 分钟；慢跑 5 分钟，结合使用 10 米距离的后蹬跑；教练员站在网前偶尔打出一个轻吊截击球，运动员在场上移动将球回击给教练，运动员即使知道可能够不着球，也必须冲刺救球，重复这一练习 3 分钟；运动员轻跑 5 分钟；运动员在场地上移动对打截击球 3 分钟；运动员在场地上移动对打击球 1 分钟，接着进行 30 秒的截击——高压球训练，重复这一组动作总共 6 分钟。

二、间歇性训练法

在网球场上进行间歇性训练：教练站在网前向一名运动员连续送出斜线球，该运动员开始站在底线中点，每次击球后必须回到中点，运动员重复这组训练 2 分钟，运动量约为极限的 85%，然后休息 2 分钟，重新开始这一程序，重复 5 次；教练员在网前送球，运动员在教练员送到的各个位置上击球，然后绕网球场在各点做训练，教练员在场上指定 5 个点用以练习 5 项基本运动，2 分钟后教练让活动停止，休息片刻，让运动员按顺时针方向转换［（A）底线折返跑；（B）截击球的移动练习；（C）单腿或并腿回跳接过顶球；（D）击球挑高球；（E）上网击短球］。

三、楼梯跑

楼梯往返跑训练，跑步登梯，然后慢速跑回起点。

四、抬腿跳

依次提起左腿和右腿，同时双手在腿下击掌一下，每组练习 1 分钟，每次练习 5—10 组。

五、踢足球

进行 30 分钟以上持续的激烈程度适中的活动（足球练习有助于网球的灵敏度和速度）。

六、长跑

1 000 米跑、1 500 米跑、3 000 米跑、3—5 千米越野跑。

七、变速跑

加速跑 30 米，慢跑 70 米；加速跑 50 米，慢跑 50 米；加速跑 100 米，慢跑 50 米。

八、场上移动练习

向单打边线右侧移动，急停转向移至另一侧边线，然后再向另一侧移动，达到连续不断地左、右来回移动；全场各点的移动（向前、后、左、右方向移动），像被对方牵制着向全场范围移动，直至出现第一疲劳征兆。

第四节 专项柔韧素质

一、专项柔韧性素质训练

由于在网球比赛中，一些技术动作对身体的柔韧性提出很高的要求。如发球、高压球、大范围跑动扑救球等。这些都是由于运动员的身体和球常处于不稳定的相对平衡状态所决定的。网球运动员的柔韧素质，突出表现在网球运动所特殊需要髋、腰、膝、腕关节活动幅度及上下肢肌肉和韧带的伸展能力上。它对于网球运动员掌握和提高技术动作（尤其是高难度动作）、避免运动创伤和发展其他身体素质都有重要的作用。

二、静力训练

颈部：坐着或站着做头部运动，上下左右各个方向持续 7 秒。

肩部：坐着或站着，双臂下垂，提肩至耳垂，持续 7 秒，然后慢慢放下。

绕臂：站立，双臂自然下垂，首先向前抬右臂，然后上举，掠过左耳，然后向后绕臂，臂放下至一侧；用左臂重复这一动作。左右臂各连续绕臂 3 圈。

扩胸：站立，右臂向一侧伸展，右手掌放在门上或柱子上，上体前挺的同时，注视你的手的位置，胸肌感到伸展，持续 7—10 秒；向左侧重复这一动作，每只手臂各重复做 3—5 次。注意：扩胸时不要过分用力。

三头肌头上伸展：站立，抬臂伸展，屈肘，用另一只抓住肘部，向内向下牵引直至大臂后侧感到伸展为止，牵引持续 7—10 秒钟；在相反的一侧重复这一动作。

二头肌伸展：坐着或站着，两手在身后紧握并上提，肘部要伸直，保持 7—10 秒，要保证身体不前倾，大臂的前部应感到伸展。注意双臂向后伸展不能过度。

内收肌水平牵引：坐或站着，将一只手臂搭在身体一侧的肩上，用另一只手臂推压肘部横向牵引，持续 7—10 秒，用另一只手臂重复这一动作。

上体伸展：双脚分开坐着或站立，两手叉腰，整个身体向左转，持续 7 秒钟，然后整个身体向右转，持续 7 秒，重复 3 次。

侧体伸展：两脚分开站立，举右臂至头上，左手叉腰，向左侧尽量弯腰，举左臂至头上，右手叉腰，重复同一动作，持续 7 秒，重复 3 次。

腰脊：俯卧伸展，腹部着地，双手支撑双肩，上身尽量抬起，骨盆和腿部放松，重复 3—5 次。

四头肌和大腿：站立抓住一立柱，将踝关节拉向臀部，确保膝部紧靠大腿内侧，然后将臀部后拉（不要前倾），膝部应对着地面，大腿正面应感到伸展，持续 10 秒，重复 3 次。

小腿和跟腱：弓步压腿，持续 7—10 秒。

大腿内侧：坐在地板上，脚掌并拢，尽量靠向腹股沟，双膝慢慢地下压，感到大腿内侧的伸展，持续 10 秒，然后重复这一动作，保持挺直的坐姿。

大腿外侧：站立，左臂向一侧伸直与髋部在一条线上，抓住一立柱，左腿向后向右滑步，双脚绷直，然后右膝微屈，朝立柱送髋，左腿外侧和髋部应有伸展的感觉，调整右脚姿势以产生伸展效果，持续 7—10 秒，在相反一侧重复这一动作，重复 3 次。

第五节　专项协调素质

一、协调性

身体的协调能力，代表人体不同部位协调配合完成身体活动的能力，是肌肉神经系统、时间感觉、空间感觉以及环境观察与适应调整能力的综合表现。

协调素质练习：

在发球区内用非执拍手击球，而且是向上击球。

快速截击抽球训练：运动员站在发球区的“T”字形上。教练员站在另一端的发球线“T”字形上，快速送出6只球让运动员用抽球动作截击。

五球训练：教练员送球，运动员按抽球截击、高空截击、轻吊截击、反手扣杀、正手高压顺序击球。送不定点的正手高压球，如向运动员反手一侧送高球。

在发球区内训练：教练员站在网前，运动员按正手、侧身正手、反手动作向教练员回击。然后重复这一组动作。

发球机训练：将球快速射向运动员，运动员必须自我保护。

二、灵敏性

网球的灵敏素质主要表现在移动时快而有效的起动、迅速变换动作和变换方向的能力方面。协调肌肉运动，使肌肉具有适时地以适当的速度和强度进行合理运动的能力及短时间内发挥运动最佳效果的能力。它要求运动员在极短的时间里有良好的判断能力，并且在完成过程中能准确、协调地处理好自己身体各部位及合理的人球关系。

网球专项的灵敏素质训练：

1. 钻越人障：一组练习者，配备一个低凳；甲队员在低凳上做俯撑动作，乙队员站立在甲队员身旁，当甲撑起时，乙队员从甲身下钻过，做5—10次后，两人交换。

2. 快速跳绳：在地面上慢速跳绳，膝部稍微抬起，双臂用力摆动，步幅要小，每次跳起时必须使用脚尖，动作加速直至绊绳，然后稍微减速，再加速直至绊绳，按此继续进行。

3. 快速跨栏练习：放置小低栏，栏间距离1米，然后迫使腿部用超高速跨栏。

4. 活动的杠铃片练习：用两个活动的杠铃片来练习平衡和控制还原。

5. 侧跨步冲刺：从发球线的“T”字形的前面开始，向右边的单打线侧跨步，同时面对球网，用球拍触单打线，并快速向左边的单打线侧跨步，在 7 秒钟内尽可能地重复这一动作。

6. 模仿步法训练：在两条单打线对称两侧放置两个红色锥体，3 名持拍的运动员站在两个锥体之间的场地中央，听到教练员的口令时，运动员做一个单足跳跨步并向一个锥体移动；做好球拍击球的准备动作，快速奔向锥体；运动员要完成模仿挥拍、还原、回到场地中央的动作；然后，向另一侧的锥体移动前，做另一个单足跳跨步动作。

7. 其他蹦跳练习：使用低而安全的物体，如小型的塑料栏架，供运动员练习不同的跳跃和单足跳动作。

第二章　大学生高水平运动员训练计划

一、分阶段训练计划重要影响因素

（一）进入最佳状态的时间

1. 一名运动员全年的训练和竞赛日程的衔接应使他在计划的最重要的比赛中在心理、体能和技术上调整至最佳状态。

2. 由于一个人不可能随时发挥出最佳水平。因此教练员和运动员双方必须决定何时进入最佳状态。

3. 一名网球运动员在正常情况下，一年中能发挥最佳水平五次或六次。

（二）训练周期安排

1. 教练员和运动员应该坐下来一起决定，哪几项比赛对运动员的成绩最为重要。

2. 使用专门的网球身体素质测试手段测验运动员的身体素质以确定运动员底线的能力水平也是重要的。

3. 需根据周期进行训练，特别强调紧张和恢复的平衡。

4. 为确定训练周期，训练日程应尽量提前。

（三）恢复—避免紧张

1. 如果要在最理想的时间进入最佳状态，应仔细地监控紧张与恢复的周期规律。

2. 运动过程中的紧张应是阶段性的。

3. 运动员长期的持续的紧张将导致状态不佳、精力不能集中和过度疲劳。

4. 恢复的周期对于运动员进入最佳状态与训练周期具有同等的重要性。

5. 紧张分为生理性紧张和心理性紧张。

6. 当训练过度刺激运动员身体的各项功能时，可能会导致舒张和恢复机制失灵。

7. 全部训练负荷应尽可能大，但避免出现训练过度。

（四）综合性训练

1. 必须按照计划，一名运动员需要训练爆发力，而且必须在一月、二月和三月进行杠铃训练时，这并不意味着他不能参加比赛，而恰好表明杠铃训练不应中断。它还意味着运动员同意在这几个月中降低水平，以便在这一周期的剩余时间里得到提高。

2. 高水平的网球选手有时甚至要求加大训练量以刺激提高。他们可能愿意接受因这样的训练量伴随而来的退步。

3. 尽管运动员前期阶段的水平可能受到一些影响，后期的身体、心理和技术方面的提高将对长期的提高有着更大的影响。

4. 这不是说，运动员可以带着不尽力的思想进入比赛。每场比赛都要争取赢。但是如果运动员感觉他的状态不是最好，这里有生理上的原因，并应作为计划的一部分予以理解。

（五）避免训练过度

1. 当运动员从连续的训练中不能得到更多的收益时，就出现训练过度。

2. 训练过度的运动员因疲劳和烦躁而埋怨，他们害怕上训练课，吃饭乏味，水平出现下降，睡眠不正常，而且心理上崩溃、滥服药品或酗酒等。

3. 为避免训练过度，重要的是对整个训练量进行监控。

4. 频率：每周进行专项训练的天数，例如，每周（非赛季）隔天轮流进行 3 天身体训练和杠铃训练以及每周（赛季）进行 1 天训练。

5. 强度：运动员的专项训练，例如，临近赛季时，杠铃训练和身体训练的速度由慢至快。

6. 持续时间：运动员用于专项训练的时间的长短，例如，在非赛季中，更多的时间用于杠铃训练和身体训练。

二、大学生运动员双学年训练计划和双学年的训练阶段（大周期）

（一）阶段划分

<table>
<tr><th colspan="2">训练阶段</th></tr>
<tr><td rowspan="2">准备阶段</td><td>一般性准备阶段</td></tr>
<tr><td>专项准备阶段</td></tr>
<tr><td colspan="2">赛前阶段</td></tr>
<tr><td colspan="2">比赛阶段</td></tr>
<tr><td rowspan="2">过渡阶段或积极修整阶段</td><td>彻底休息阶段</td></tr>
<tr><td>积极修整阶段</td></tr>
</table>

（二）不同阶段的训练原则

1. 双学年网球训练计划的一般性准备阶段原则

阶段	一般性准备阶段
目的	• 为训练而训练。 • 训练量增加。 • 夯实基础。 • 维持高水平的身体训练。 • 接受有氧训练和力量训练。 • 保持大运动量，小强度。 • 培养果断的有活力的网球运动员。 • 了解战术目的。 • 学习网球的专项运动。 • 提高运动员的责任心和对网球的投入。 • 在比赛中尽量少注重结果。 • 打出风格，而不是为成绩烦恼。
时间	• 5—6 周。 • 不得少于 4 周。 • 整个准备阶段（一般性和专项）4—12 周。
技战术	• 提高稳定性的练习，提高对攻的能力。 • 允许使用半个场地。 • 减少自杀性失误。 • 教练员确保使用正确的技术。 • 传授新的技能（技术和战术技能）。 • 运动员要加倍努力。 • 救起每一个球。 • 训练时主要是改进不足的方面，但同时也要发扬长处。 • 对击球技术做必要的改进。
体能	• 接受和采用有氧训练法：肌肉和心肺耐力训练。 • 心率分别达到最大心率的 55%、85%。 • 25—40 分钟的连续长距离训练，每周 3 次或 4 次。 • 采用间歇训练法。 • 交叉训练：自行车、游泳、篮球、足球、排球等。 • 大运动量，但不是大强度训练。 • 接受力量训练：用轻杠铃重复训练（2—3 组，每组重复动作 12—15 次）。 • 30 分钟的力量训练计划，一周 2—3 次。
心理	• 确定近期目标。 • 评估心理上的弱点。 • 建立运动员的心理档案。
比赛	• 比赛时不必太注重结果。 • 减少参加比赛的次数。 • 如有比赛，利用比赛提高技战术水平。 • 头脑中带着长期提高的目标参加比赛。

2. 双学年网球计划的专项准备阶段原则

阶段	专项准备阶段
目的	• 通过训练成为极具攻击力的选手。 • 通过训练提高并完善技战术。 • 提高网球专项身体素质；接受无氧训练，提高速度和爆发力。 • 小运动量，大强度。
时间	• 5—6 周。 • 任何时候不得少于 4 周。 • 整个准备阶段（一般性和专项）的时间为 4—12 周。
技战术	• 训练技术特长。 • 接受战术知识。 • 大强度的爆发力练习。 • 发球和接发球专项训练。 • 使用整个场地。打几盘练习比赛。若一天打两次，第一节课应为比赛练习，第二节课为练习比赛。 • 练习运动员将在比赛中和比赛场地上采用的打法。 • 训练课的时间可缩短一些，但需保证强度和质量（每局打 4 分，而不是 11 分或 21 分）。 • 设计大强度的实战状况。 • 重点放在已经进行过的练习，即训练特长以建立自信心。
体能	• 接受无氧训练法：间歇训练、加速跑、任意变速跑。 • 接受速度训练法：加速跑、弹跳训练。 • 接受爆发力训练法：用小运动量，大强度训练爆发力。 • 接受力量训练法：用中等重量的杠铃连续重复动作（3—4 组，每组重复动作 8—10 次）。 • 训练和休息的比率接近网球比赛（约为 1∶3）。 • 每组动作少于 20 秒的练习占 80%的时间，每组动作多于 20 秒的练习占 20%的时间。 • 两盘之间的休息间隙为 15—30 秒，整节身体训练课中插入的每次休息为 2 分钟。
心理	• 强调心理技能，例如对待失误的态度，两分之间的间歇时间的对策。 • 对压力的适应能力。 • 树立运动员的自信心。 • 检讨情绪上的习性。 • 目标定向。 • 放松的技巧。 • 保持心情愉快。
比赛	• 开始多参加二流水平的比赛。 • 增加练习比赛的次数。

3. 双学年网球训练计划的赛前阶段和比赛阶段原则

阶段	赛前阶段	比赛阶段
目的	• 精心调整比赛技能。 • 从实战出发检验运动的技能。 • 能在短期改进的具体建议。 • 坚持体能的提高；训练变成非常专项的、大强度、小运动量的训练。 • 随着比赛的临近，逐渐减少训练量。	• 主要目的在于重大比赛中达到最佳状态。 • 保持最佳的体能、技术和心理状态。 • 将比赛和合理的休息结合起来。
时间	• 不论在何处都是 1—2 周。	• 真正的最佳状态只能保持三周，一年中出现三次或四次。 • 无论在何地，比赛阶段长达数周。
技战术	• 反馈是战术性反馈。 • 练习比赛的准备活动时间应与一场比赛前的准备活动时间相近。 • 心理上达到最佳状态；训练课的重点放在心理方面。 • 突出特点，训练特长。 • 训练课的安排符合实战（训练和休息的比率相似）。 • 不做大的改变。	• 使用网球专项的短暂爆发力训练。 • 让比赛的类型适合于运动员的特点。 • 每场比赛前适当地做身体、技术和心理的准备活动。 • 遵循为每个运动员确定的赛前的常规做法。 • 每场比赛结束后做伸展和整理活动。 • 运动量取决于比赛的场数。 • 小的调整。 • 根据对手和场地类型安排训练。
体能	• 加大杠铃重量、减少重量动作次数（使运动员能重复做 4—8 次，做 4—5 组）。 • 接受无氧训练：对球的反应练习，短距离加速跑和弹跳练习。 • 减少有氧训练。 • 精心调整专项灵活性和网球移动动作（娱乐性练习、反应时的测验、模仿动作练习等）。	• 保持力量和耐力水平。 • 缩短力量训练计划。 • 采用连续动作训练法（1—2 组，每组重复 12—15 次）。 • 保持体能水平。 • 增加“长跑练习”：包括加速跑和间歇变速跑。 • 保持身体素质水平（每周 1—2 次 25—40 分钟跑）。
心理	• 创造一个积极的环境。 • 表扬并强调运动员的长处。 • 运用想象和放松的技巧。 • 心理的基本功。 • 树立信心。	• 强调进入为迎接比赛的挑战而做好一切准备的状态。 • 开始进行赛前和赛后的日常活动。 • 注意精力集中的技巧。 • 运用录像。 • 激励和纪律。
比赛	• 参加准备性的比赛。 • 采用练习比赛和对攻的练习。	—

4. 双学年网球计划的过渡阶段原则

阶段	过渡/修整阶段
目的	• 主要目的是从比赛的紧张状态中恢复。 • 这是重大比赛后的积极恢复的阶段。 • 心理和生理上的休整和恢复。 • 评估在刚参加过的比赛中的发挥。 • 讨论在比赛中出现的需在下一阶段注意的问题。
时间	• 取决于一年中的时间。 • 1—4 周。
技战术	• 过渡阶段可能是网球训练中最被轻视的阶段。 • 当再次开始训练时，可以安排改变技术动作的训练。
体能	• 参加其他运动项目，如足球、篮球、曲棍球等（交叉训练）。 • 轻微的身体训练。 • 交叉训练。
心理	• 回顾比赛阶段中的心理表现。
比赛	• 利用休息日等时间从网球活动中恢复。

（三）双学年训练计划表

运动员姓名：__________

月份	九月				十月					十一月				十二月				一月				
周的序号	1	2	3	4	5	6	7	8	9	10	11	12	13	14	15	16	17	18	19	20	21	22
与网球无关的重要活动																						
比赛日程进入状态的程度（最佳状态 = 10）																						
测验和目标评估日期																						
训练营和周末																						
分阶段训练：训练阶段																						
分阶段训练：身体训练																						
分阶段训练：技术训练																						
分阶段训练：心理训练																						
分阶段训练：强度和运动量（大中小）																						

教练员姓名：__________

月份	九月				十月					十一月				十二月				一月				
周的序号	1	2	3	4	5	6	7	8	9	10	11	12	13	14	15	16	17	18	19	20	21	22
与网球无关的重要活动																						
比赛日程进入状态的程度（最佳状态 = 10）																						

（续表）

月份		九月				十月					十一月				十二月				一月				
周的序号		1	2	3	4	5	6	7	8	9	10	11	12	13	14	15	16	17	18	19	20	21	22
测验和目标评估日期																							
训练营和周末																							
分阶段训练	训练阶段																						
	身体训练																						
	技术训练																						
	心理训练																						
	强度和运动量（大中小）																						

三、网球运动的其他阶段性训练周期

（一）学年/半学年周期（中周期）

分类	特　　点
开始期	准备阶段的初期，2 周。小负荷（大运动量，小强度）。
准备期	准备阶段的持续时间，2 周以上。大运动量，大强度。身体训练和技术训练。
赛前期	准备阶段和比赛阶段的技战术加工，2 周以上。小运动量，大强度。网球专项训练和练习比赛。
比赛期	比赛阶段。连续不超过 3 周。为每天进行比赛做好技术、战术、身体和心理上的准备。
恢复期	专项准备、比赛和过渡阶段中的恢复。数日至数周，小负荷。参加其他运动项目的活动。

（二）周训练（小周期）

分类	特　　点
准备期	• 一般性的准备小周期：网球训练 20%，身体训练 80%。 • 专项准备小周期：网球训练 35%，身体训练 50%，综合性训练 15%。
赛前期	网球训练 50%，身体训练 30%，练习比赛和正式比赛 20%。
减量期	它包括逐步减小赛前准备阶段中的训练量。训练时采用接近你施展的练习项目，同时缩短训练课的时间和频率。
比赛期	最多为 2—3 周和连续的小周期。训练课的强度与比赛一致，结合轻微的恢复运动。大致比例是：正式比赛 70%，网球训练 15%，身体训练 15%。
积极性的休整期	当赛事相隔很近时（即少于两周），最好安排 3 或 4 天作为一个积极休整的小周期。随后，运动员需要跳过准备阶段，直接进入赛前阶段。大致的比例为：练习比赛 15%，网球训练 40%，身体训练和参加其他体育活动 45%。

周训练样本：（以 14 周中的第 5 周为例）

日	技战术训练	身体训练	心理训练
周一	发球和接发球一发的成功率	加速跑	重点放在打球的节奏
周二	底线的稳定性、双打的接发球	比赛中的加速跑	重点放在姿势和动作的模仿
周三	比赛日	—	—
周四	救球（还原）	娱乐性练习	讨论比赛的结果
周五	打记分抢 7 比赛	放松跑和伸展活动	放松、精力集中和压力练习
周六	比赛日	—	—

四、大学生网球运动员技术对照检查表

（一）击落地球的纠正动作对照检查表

运动员姓名：________________

教练员姓名：________________

填表日期：________________

项　　目	问题点	改进措施
准备 1. 全面的准备 2. 球拍针对来球所处的位置（高或低） 3. 球拍与身体的距离 4. 注视来球，注意力的集中点，对球的判断 5. 脚步移动 6. 转肩的幅度 7. 转肩的速度 8. 引拍的幅度、速度和姿势 9. 提前判断（技术的和战术的）		
平衡 1. 侧跨步 2. 步法（第一步、侧步、滑步、手臂的利用） 3. 身体部分的准备 4. 触球时身体下沉 5. 屈膝的程度 6. 跨步击球 7. 触球时的平衡 8. 击球过程中的平衡		
触球点 1. 与身体的关系 2. 头部姿势 3. 弹跳至最高点时击球 4. 重心的移动 5. 球升高时击球 6. 步法：合理性		

（续表）

项　　目	问题点	改进措施
挥拍 1. 作为一种有威力的武器 2. 球拍的速度 3. 击球的变化 4. 上旋/下旋的强度 5. 击球的深度/力量 6. 球拍挥动的节奏和轨迹 7. 整个击球动作 8. 转肩 9. 动量（线动量/角动量） 10. 身体姿势（打开、半开、收紧） 11. 随球动作（幅度） 12. 身体动力链和蹬地 13. 步法：复位 14. 换握拍：正手/反手		
总结：		

（二）纠正发球的对照检查表

运动员姓名：＿＿＿＿＿＿＿＿

教练员姓名：＿＿＿＿＿＿＿＿

填表日期：＿＿＿＿＿＿＿＿

项　　目	问题点	改进措施
准备 1. 发球前的稳定 2. 发球开始前使用的时间 3. 发球的明确目标		
平衡 1. 动作开始时的平衡 2. 触球时的平衡 3. 随球动作过程中的平衡		
挥拍 1. 动作连续不停顿 2. 手臂动作（挥臂动作） 3. 挥臂动作的速度 4. 球拍的加速 5. 身体重心的转移 6. 利用全身产生爆发力 7. 转肩 8. 屈膝 9. 触球时抬头 10. 腕部打开（外转） 11. 向上击球		

（续表）

项　　目	问题点	改进措施
控制 1. 一发成功率 2. 二发成功率 3. 落点 4. 深度 5. 旋转		
抛球 1. 稳定性 2. 高度（太低或太高） 3. 抛球臂的动作与身体的位置		
综合类型 1. 作为一种进攻的武器 2. 发球的变化 3. 发球动作的隐蔽性 4. 二发 5. 发侧旋球 6. 发高跳球 7. 发平球 8. 握拍法（换握）		
小结：		

（三）纠正截击的对照检查表

运动员姓名：________________

教练员姓名：________________

填表日期：________________

项　　目	问题点	改进措施
准备 1. 第一次截击后的站位 2. 提前注视来球 3. 球拍的准备姿势 4. 转肩 5. 双脚向来球移动 6. 向来球作对角线移动		
平衡 1. 保持整体平衡 2. 触球时上体的姿势		
触球 1. 身前触球 2. 与身体一侧的距离 3. 腕部的固定		

（续表）

项　　目	问题点	改进措施
挥拍 1. 触球和感觉 2. 拍面的位置 3. 拍头的位置 4. 深度 5. 角度 6. 挥拍的幅度 7. 根据截击类型的站位 8. 握拍的变换： 　正手： 　反手：		
小结：		

（四）纠正移动的检查对比表

项　　目	问题点	改进措施
准备 1. 爆发性速度 2. 朝来球移动最有效线路的选择 3. 快速向来球移动 4. 尽力：力求接住每一个球		
平衡 1. 复位 2. 平衡 3. 侧跨步 4. 上体姿势 5. 下身姿势		
小结		

五、运动员档案

运动员姓名：________________

运动员接受训练的时间：__________

教练员姓名：________________

建档日期：________________

技术/战术		优点	有待提高
发球（一发和二发）			
正规的	旋转和爆发力		
平衡	攻击弱点		
抛球	发球上网		
动体链	隐蔽性和多样性		
稳定性	发球后在底线进攻		
方向	发球区右侧/左侧		

（续表）

技术/战术	优点	有待提高
接发球（正手和反手） 准备姿势　削球上网 接大力发球　接旋转球 将球打过网　对付发球上网 发球区右侧/左侧　直体接发球 一发/二发　反攻/提前击球		
双方在底线（正手和反手） 稳定性　跑动中击球 落点　进攻/防守的能力 深度　节奏、改变速度 变化和速度　提前击球和场内击球 加转　爆发力 利用弱点　承受压力后的恢复		
上网或在网前（正手和反手） 抓住机会　快速反应 平衡　移动中的步法 落点　将球击过网 网前站位　触球 截击后高压（变化）、上网击球		
对方上网或在网前（正手和反手） 破网能力　提前击球 高吊球（进攻的/防守的）　跑动中挑高球 击过网低球		
身体素质	**优点**	**有待提高**
速度　力量和爆发力 柔软性　耐力（有氧/无氧） 灵活性　“突然起动” 反应　平衡 爆发性移动　协调性 归位　步法		
心理素质	**优点**	**有待提高**
精力集中　常规动作 对胜利的责任感　自语 拼搏精神　动力 对压力的反应　情绪控制 对网球的喜爱　对环境的反应 场上的“形象表现”　信心 100%尽力　场上的果断 学习的能力　综合表现 智力　对训练的喜爱 个性　愿望		

（续表）

比赛	优点	有待提高
比赛风格　　比赛中采用的打法 击球动作的幅度　　击球动作的多样性 赛前准备（技术、战术、身体） 比赛计划、计划的修订 判断、动量、击球方式的选择 对比赛的全面理解 双打战术		
其他评语：		

六、运动员的自我分析

姓名：____________________

地址：____

年龄：____________________

出生日期：____________________

现在校队的排名：______________

青少年的排名：______________

职业选手的排名：______________

1. 请说明你的打法（底线型、发球上网型等）。

2. 你最喜欢打什么样的场地？（1，2，3，4，1 = 最喜欢的，4 = 最不喜欢的。）

沙地______________　　草地______________

室内场地______________　　硬地______________

3. 使用 10 分等级评分法对你击球的质量作出评价（1 = 极差，10 = 极好）。这种评分是主观的，然而它反映你的打法的相对分值（例如，你的正手击球是最好的，它应是 10 分）。

击球技术	相对分值	击球技术	相对分值
正手击球		正手挑高球	
反手击球		反手挑高球	
一发		轻吊	
二发		正手上旋球	
接第一发球		反手上旋球	
接第二发球		正手削球	

（续表）

击球技术	相对分值	击球技术	相对分值
正手截击		反手削球	
反手截击		正手超身球	
高压		反手超身球	

a. 什么是你最保险（最稳）的击球？____________________

b. 用哪种击球技术你感到最有信心得分？____________________

c. 你现在训练改进的是哪种击球？____________________

4. 你得分最多的方式　　(a) 致胜分　　(　　　)

　　(b) 因对方失误得分　　(　　　)

5. 你在哪一方面最强和最弱？使用 10 分评分法（1 = 最弱，10 = 最强）。

方面	相对分值（1—10 分）
技术	
战术	
体能	
心理	

6. 使用 10 分等级评分法对你在以下几个方面的技术质量作出评价（1 = 极坏，10 = 你擅长），这种评分是主观的，然而它反映你的技术的相对分值。

比赛中的情形	相对分值（1—10 分）
发球	
接发球	
底线球技术	
上网和网前技术	
对付网前选手的技术	

7. 你的身体素质怎样？对你在比赛中下列身体素质的质量作出评价。

身体素质	相对分值（1—10 分）
力量	
速度	
耐力	
柔韧性	

8. 你怎样评价你在场上的移动和步法（1—10 分）？

9. 对以下心理因素作出评价。

心理因素	相对分值（1—10 分）
精力集中	
对待失误的态度	
坚持/努力	
喜欢比赛	
体育道德	
情绪的稳定	
自信心	

10. 对下列战术因素也作出评价。

战术因素	相对分值（1—10 分）
改变你的打法	
进攻	
防守	
放慢比赛的节奏	
打乱对方的节奏	
加快比赛的节奏	
判断	

11. 你在以下方面的短期目标是什么？

技术：________________

战术：________________

体能：________________

比赛：________________

12. 你在以下方面的长期目标是什么？

技术：________________

战术：________________

体能：________________

比赛：________________

第四篇

网球运动常见运动损伤及处理方法

第一章　擦　伤

皮肤擦伤及擦伤性水泡在网球运动中很常见，约占全部损伤的 10.2%。其原因：一方面由于球拍的握柄较粗、拍柄较硬、较滑、无弹性、不吸汗，握拍时当皮肤受到反复、快速的交替性剪切力时，摩擦性水泡很容易产生；另一方面运动者动作不正确、活动时间较长、击球时球拍未握紧或太松、击球时经常打不到球，使拍柄转动增加与手掌的摩擦，这些都可引起握拍手的拇指关节内侧、掌际与拍柄后部接触的部位和食指处出现红肿、水泡甚至表皮的脱落。水泡产生时，角质上皮层以下的表皮发生坏死，组织间隙的液体逐渐填充到继之形成的空腔中。摩擦性水泡可紧绷和有疼痛感，继发感染可能导致进一步功能障碍。

预防：

1. 提高臂力和握力，掌握在击球瞬间紧握球拍的能力，打正来球。经过练习，手掌的气泡处变成老茧就不影响打球了。

2. 在拍柄上缠一层柔软防滑的吸汗带，改善握拍的手感。

3. 选择拍柄粗细合适的球拍。

4. 穿不易打滑的球袜，如吸汗的棉袜。尽可能避免脚与袜子之间产生摩擦。

5. 选择抗扭转力，减震性能好的球拍。

第二章　水泡、跟腱炎、腱鞘炎、半月板损伤

一、水泡

起水泡对于初学网球的人来说是一种常见的运动损伤。起水泡的部位一般是手部的拇指关节内侧、掌根与拍柄后部相接触的部位以及前脚掌。

起水泡的主要原因包括正常原因和非正常原因。

(一) 正常原因

一般爱好者初学网球时，有些人总会磨出水泡，主要原因是握力较差或手掌皮肤较细嫩。当不能有效击球而使球拍被动转动时，手掌皮肤与拍柄的转动摩擦增大，从而产生水泡。

(二) 非正常原因

有些爱好者打球，特别容易磨出水泡，那就不仅仅是皮肤细嫩的问题了。首先是技术动作不准确，造成经常将球打在球拍的甜区外、拍框边缘等处，增加了手掌与拍柄之间的摩擦强度；其次是在击球准备、引拍、挥拍的整个过程中，手腕过于紧张，握拍太紧、太死；最后是拍柄不合适，拍柄太粗或太细、柄皮太硬或不吸汗都比较容易磨出水泡。

(三) 预防起水泡主要有以下方法

1. 加强练习以增强手掌皮肤的耐磨性。
2. 选择拍柄粗细合适的球拍。
3. 更换柔软防滑的柄皮或在原有柄皮上缠一层柔软的吸汗带。
4. 选择大小合适、穿着舒适的运动鞋。
5. 选择减震效果较好的球拍或为球拍安装减震器。
6. 提高击球的准确性，避免击球瞬间球拍过多地被动旋转。
7. 握拍自然放松，只在击球瞬间才用力握紧球拍。

(四) 对已经磨出的水泡的处理方法

1. 遵循避免感染的原则，注意保持水泡周围皮肤的干燥与清洁。
2. 小而无破裂的水泡在经过一段时间后就会自然痊愈，无须进行特别处理。
3. 对一些大水泡，则需及时就医刺穿水泡边缘，挤出水泡内的液体，然后进行简单的包扎。值得注意的是，为避免水泡下的真皮受到感染，请保留水泡的

表皮，切勿将其随意撕去。

二、跟腱炎

1. 症状：抬脚时脚疼痛，脚后壁肿胀。

2. 紧急措施：用冰块按摩；短暂的休息。

3. 预防和治疗：选手在网球比赛或训练前充分做好热身活动和伸展运动，尤其是先天性足弱者；挑选合适的球鞋；检查击球时脚步位置正确与否。患病后，可用冰块按摩或使用消炎注射剂，包扎医疗绷带等；严重者须做手术。

三、腱鞘炎

腱鞘炎主要发生在西方式正手持拍手手腕以及双反手的主导手。众所周知，西方式正手在击打腰部以上肩部以下位置的底线球最舒服，当对方回球偏浅或弹跳较低（例如对手用切削回球）时，使用西方式正手击球时，拍面朝向地面，触球时拍面不能垂直地面，这时候必须用球拍强力向左上挥出，力求把球拉到一定的高度保证过网，也就是所谓的“甩腕”。

当运动员使用西方式握拍面对一位正手使用东方式握拍，反手又较多使用削球时，其手腕将承受很大的压力。经常遇到这样球风的球友，运动员手腕将长期承受压力，如果手腕力量不够，时间一长手腕将很容易受伤。假如每周打两次以上的网球，手腕没有得到足够时间休养，长久下来就会积小伤为大伤，引起手腕外侧桡骨头的两侧韧带发炎引起疼痛。

建议：在选择西方式正手击打底线有必要辅以手腕的力量训练。如果还没开始经常性的打球，最好尝试改变握拍法。如半西方或东方式正手握拍法。此外部分选手在双手反拍时，以右手握拍为例，左手手腕也出现伤病，大部分是由于左手力量不足，而击打反手球时一味加大回球力度，使左手手腕震动和冲击过大造成的。

四、半月板损伤

1. 原因：屈膝制动击球，抢占最佳位置，变向，膝关节伴随旋转动作。

2. 症状：半月板突出、变形、剧烈疼痛。

3. 紧急措施：找医生。

4. 预防和治疗：充分准备活动，使用护膝，加强膝关节力量练习，选择合适的鞋子，规范技术动作。长期休息，使用消炎制剂或做手术。

第三章　肩关节损伤、膝关节损伤

一、肩关节损伤

网球运动中，由于发球和高压球技术动作的非常规性，经常做这些日常生活中很少用到的动作，会使肩部增加想象不到的负担。特别是运动素质一般的爱好者，在学习发球和高压球技术时，一定要做好肩关节的伸展运动，避免受伤。

通常来讲，肩部损伤的主要原因，首先是使用肩关节的技术动作超过了正常的生理范围；其次是肩部的关节、肌肉、韧带负担过重，表现在运动量过大、运动强度过高；最后是准备活动不充分，尤其是肩部的伸展运动练习不够。

我们在学习发球和高压球技术时，由于技术动作的难度和强度要求，只有做好肩部的伸展运动练习，提高肩部的肌肉、韧带、关节的力量、柔韧性和灵活性，才能最有效地预防肩部损伤。

其他方面，还应注意如果肩部已受过损伤，在做动作和肩部伸展运动时，一定要小心，以循序渐进为原则，慢慢地增加力量和动作的幅度。如有条件，在放松按摩的同时，可进行热敷，最好是能在较热的淋浴下冲烫肩部。在冬季的室外球场打球时，更要注意身体的保暖，特别是肩部的保暖，千万不要一上场就脱衣服，应等稍微活动开以后，在身体有些发热的情况下，再适当地脱些衣服，并确保不会让肌肉挨冻受凉。

肩部伸展运动练习有：

1. 极力向前，再向上伸展肩部。交叉双手，掌心向前，尽量前伸，保持15—30秒；双手交叉，掌心向上，尽量上伸，保持15—30秒，依次做2—3次。

2. 一手由上向下，另一手由下向上，尽量在背后拉住双手，互相用力拉，同时慢慢弯腰轻振。然后两手交换，依次练习。

3. 面对墙或挡网1米左右直立，双手手掌向前平放在墙上或挡网上，要充分伸直手关节，保持上体与地面平行，双手略高于头部，再慢慢用力下压。

4. 背对墙直立，扭转上身，将最近的一只手侧举到与肩同高的位置，用手顶地、用力撑住，再慢回转肩膀，到极限时，坚持数秒钟后放松。再做另一侧的练习。

5. 伸直右肩，用左臂托住右臂肘部向后拉，保持上体向前不动，极力至最大限度时，坚持数秒钟后放松，再做另一只手臂的练习。

二、膝关节损伤

1. 症状：紧张剧烈运动或负荷过重时疼痛，伴有水肿。

2. 紧急措施：出现受伤时用冰块冷敷；使用消炎软膏、超声波、缠绷带等方法。

3. 预防和治疗：准备活动做充分，加强关节力量练习，技术动作正确，选择合适的网球鞋，使用护膝。

第四章 网 球 肘

网球肘医学名称为“肱骨外上髁炎”，亦称“肱桡关节滑囊炎”。因在网球运动中较常见，故又称网球肘。网球肘是指手肘外侧的肌腱发炎疼痛，疼痛是由于负责手腕及手指背向伸展的肌肉重复用力引起的。患者会在用力抓握或提举物体时感到肘部外侧疼痛。网球肘是过劳性综合征的典型例子。

网球肘如果没有得到控制，症状加重时，局部疼痛会加强，并由肘部向前臂扩散。当用手提重物，或用双手拧毛巾时，局部疼痛会显著加强，在肘部的外侧或内侧有明显的压迫痛点。如果症状严重到做徒手挥拍都很痛时，就得停止任何肘部的活动，立即就医。

一、网球肘的产生原因

从击球动作分析，挥拍姿势不正确，用力不合理，是造成网球肘的主要原因，具体表现为：

1. 反手击球时，没有有效地运用身体力量而让手臂过于发力，肘部过于急速伸直。

2. 正手击球时，没有靠转腰、转肩的力量，而用手臂强直打球，即直臂打球。

3. 一味地模仿职业球员的暴力打球动作，而没有根据自己的身体条件特点选择恰当的击球方式。

4. 打球时不能经常击中甜区，击球时肘部常常远离身体。

5. 对于一些比较容易打的“软”球，过于暴力地回击。

从机体的生理特性分析，打球时肘部所承受的冲击和震动是造成网球肘的根本原因。每个人的肌肉、关节、韧带的运动能力都有一定的极限。当击球动作的力量、旋转超过了手臂的正常承受能力时，长期练习，就会使前臂的肌腱纤维因反复过度牵扯而劳损，形成网球肘。有时，也因为网球拍的减震效果差，穿弦磅数过大，增加了手臂的负担，从而形成了网球肘。

二、网球肘的预防

1. 加强手臂、手腕的力量练习和柔韧性练习。

2. 练习时应注意，运动的强度要合理，不可使手臂过度疲劳。

3. 平时打球前，要充分做好热身活动，特别是手臂和手腕的内旋、外旋、背伸练习。

4. 每次打球后，要重视放松练习。最好是按摩手臂，使肌肉柔软不僵硬，保证手臂肌肉紧张与收缩的协调性，减少网球肘的产生。

5. 有效地使用弹力绷带和护肘，对慢性网球肘的伤情扩展有一定的限制。

6. 根据自己的击球特点，选择软硬适当的球拍。不同击球方式的爱好者如不慎重选择较硬或较软的球拍，都有可能造成网球肘。

7. 选用甜区大、重量轻、柄柄合适、穿弦松的球拍，也能有效地减少网球肘的产生。

8. 一定要纠正错误的击球动作，这是根治网球肘的最好方法。单手反拍击球时，而不是看手臂的、类似乒乓球的反手"拨"打球。一定要靠转体转肩的力量带动手臂去打球。正手击球时，应避免手腕、手掌的翻转动作。

三、网球肘的治疗

当形成了网球肘时，根据症状的轻重，疼痛程度不一，各有不同的治疗方法。

早期症状，疼痛较轻，采用按摩和理疗的方法。如果疼痛减轻，可缠绕弹力绷带或戴上护肘，这样可以减轻疼痛，恰当、慢速、多次地做橡皮带的恢复练习。

急性发作期，疼痛剧烈，应以静养、休息为主。决不要临时绑上绷带或戴上护肘继续上场打球，那只会使病情加重。在有条件的情况下，最好使用冰敷来缓解疼痛，但要注意冰敷时间以 10—15 分钟为宜，不要太长，以免冻伤皮肤。

一般急性发作期，疼痛减轻后，可缓慢地做些适当的练习，但应注意，在受伤的三个星期内保证不重复做造成损伤肘部的动作，以后可逐渐练习改进过的技术动作，两个月后方可参加正常练习。

一般慢性网球肘的治疗，多采用手臂的各种伸展运动练习来缓解伤痛。

第五篇

网球教练员资质认证体系介绍

第一章　国际网球教练员资质认证体系

第一节　ITF 网球教练员资格认证

一、简要介绍

ITF 教练资质是由国际网球联合会测试并颁发相应资质证书的认证系统，经培训及考试合格后由 ITF（国际网球联合会）颁发相应的资格证书。CTA（中国网球协会）负责其在中国的报名、培训和考试组织工作，并与中国网球协会教练员等级培训，资格证书相对应，分为初级（ITF 一级）、中级、高级（ITF 二级）、特级（ITF 三级）四个等级。参加相应职称评选的教练员必须由初级考起，逐步升级。

二、考试介绍

CTA 初级（ITF 一级）网球教练员考试培训对象为有志于推广和普及中国网球、从事网球教学训练的人员和有志于将少年运动员水平从基础阶段提高到初级参赛阶段的网球教练员。培训时长为 2 天的迷你网球课程和 7 天的网球课程，总计 9 天，共 62 学时。

培训教材：迷你网球教程、ITF 一级教练员手册等国际网球联合会指定教学资料。

报名要求学员必须具备基本的对打、正确的动作示范和基本喂球能力。考核形式测试主要由个人授课能力考核、集体授课能力考核、动作示范能力考核和笔试四个部分组成。

（一）网球教练资格证考证内容

1. 各网球技术基本都会涉及，底线正手、反手（双反、单反）、发球、高压球、网前正拦、反拦等。考试时要和教练对打（不是比赛），每个技术动作一般 3—5 分钟。需要提醒大家注意的是，考官不是看你打得有多凶，而是关注你的动作是否规范和协调流畅，尤其是发球，不要发得太猛，要注意自己动作的连贯性。如果不合格，便无法继续往下考。

2. 单人授课就是一对一授课，一般是分配给考生一个没什么网球基础的学员，考生通过抽签选一个技术动作指定授课时间和授课流程，为其授课。

3. 多人授课一般为 3—5 人，抽签选一个技术动作授课，和单人授课不同的是主要考察你的组织能力。需要提醒大家注意的是授课考试虽有固定流程，但自己一定要有自信和能力展现，才能打动考官。另外不要超时，准备好秒表。

4. 笔试平时多看些网球规则和裁判类的书，对特定的网球规则更要多留意。

以上除笔试外，任一门考核未通过者，必须重修全部课程。

笔试未能通过者，可在三十天后参加笔试补考，不需重修所有课程。缺课一天及以上的学员，不能获得 CTA 初级（ITF 一级）教练员证书。每次开班后的第 3 天，有技术能力测试。测试未能通过的学员，不能参加下一阶段的学习和考核，但可随班进行旁听。全部课程结束后，可获得参加该班的出席证明。如不进行旁听，可自动退出该班，培训费退还 50%。

（二）证书颁发

课程结束后，考核成绩未通过的学员将获得出席证明，通过所有考核的学员将获得 CTA 初级（ITF 一级）教练员证书。

三、授课导师

授课导师由中国网球协会指派。该导师必须获得国际网球联合会一级班导师资格。

第二节　PTR 网球教练员资格认证

一、简要概述

职业网球教练员组织（Professional Tennis Registry，缩写为 PTR），是世界公认的国际性网球教练资格评定组织。它由丹尼斯·范得米尔创立于 1976 年，原名为 USPTR，最初的创立目的是在国际范围内推广一种全球认可的标准网球教程。现在 PTR 已经被 ATP、WTA 等国际网球组织和多个国家的网球协会认可。培训组织为 PTR 会员准备了 5 个部分的测试证书。

PTR 职业证书课程培训班的重点是针对符合生物力学的击球方式展开一系

列的评定，在进行团体授课时呈现自己纵观全局的基本能力。PTR 所教授的内容都是经过运动生理力学专家确认过的，是符合最基本的生理力学原理的。在团队培训中，PTR 以拥有着行业标准式的授课方式而著称。

PTR 同时为会员提供《标准网球教程》《双打教程》《心理素质训练》《网球训练方法大全》《教练员运动医学手册》《少儿网球教程》《运动科学手册》《网球企业管理》《运动生理手册》《运动营养手册》《运动教学手册》等。

PTR 中国在国内已经拥有 8 年的运作经验，在上海、北京、深圳、武汉等地也有大区的负责人，PTR 中国目前有三个基本的认证线路来满足世界范围内网球教练的需要：JD U10 青少年教练发展认证课程（结业后的教练针对教学对象为 10 岁及以下），PERF 高水平教练发展训练认证课程（结业后的教练针对教学对象为 10—16 岁的高水平青少年球员）以及 AD 成人教练发展认证课程（结业后的教练针对教学对象为 18 岁及以上的成人）。同时为了满足国内广大网球爱好者和从业人士的需要，PTR 中国还在 2015 年年底推出了针对网球体能训练师的课程 PT 和 2014 年下半年推出的网球技能发展课程 SD 选修辅助课程，协助大家更全面地拓宽在网球教学方面的视野。

二、认证课程

（一）PT L1 网球体能训练师（结业后的教练针对所有年龄段的网球专业运动员、为了提高其在网球竞技中的体能表现的网球爱好者而开设的理论和实践课程，于 2015 年年底进入中国推广）

PTR 中国 2016 年 3 月开始向全国网球教练，有兴趣从事网球体能训练的健身教练和体能教练，有兴趣了解体能训练内容并从中提高自我体能表现的网球运动爱好者开设 Performance Trainer（PT）L1 的认证培训课程。这是一个为期 3 天的包括理论和实践的课程，主要帮助学员掌握网球专项体能的训练基础知识和技巧，从而有能力训练各个年龄层次的网球选手。课程和考试均会在球场和健身房进行，考试项目包括体能展示、教学考试和笔试。

认证培训班主要内容：

1. 了解不同比赛风格和击球类型球员所需体能训练要求。
2. 制定网球体能训练方案时所要遵循的基本原则。
3. 网球相关各项体能素质测试的标准操作流程。
4. 20 余种网球专项力量训练的练习技巧。
5. 如何制定速度、敏捷及反应训练计划以提高网球专项移动能力。

6. 学会制定关于青少年、中老年或女性的训练计划。

（二）SD L1 网球技能提高班一级（结业后的教练针对所有年龄段，同时可以更自如地应付所有认证班中的技能认证考核，已于 2014 年落地中国）

PTR 中国 2014 年 9 月开始向全国业余网球爱好者，普及型网球教练员和工作者开发针对提高网球综合技术的提高认证班课程。主要针对 21 项基本网球技术在场展开实战演练，使用循序渐进的教学方式，在多球和活球的场景下进行多次重复性练习，从而达到提高自我技术动作提高改良的目的。对于现有 PTR 教练员来说可以更为轻松地应付所有认证班中的技能认证考核。针对人群：全国业余网球爱好者，普及型网球教练员和工作者以及未能在 PTR 的技能考核中获得 P 级（职业级）评定的学员。

认证培训班主要内容：

1. 大陆式握拍和喂球技巧，作为球员和教练的最重要握拍方式的各种情景演练。

2. 五种不同的球感，尤其是放小球和切小球的技巧。

3. 截击，使用正确的握拍，步法移动和重心转移的技巧。

4. 所有不同握拍的使用要领。

5. 开放式站位和关闭式站位的使用环境。

6. 单反和双反的优缺点。

7. 平击发球、侧旋、上旋的要领。

（三）PERF L1

课程名称：PERF L1（Performance 11—16 L1，11—16 岁青少年高水平一级）。

针对学员：国内一二线专业队教练，俱乐部高水平教练员。

前序课程：JD U10 L1，学员在了解 10 岁以下儿童教学环境后，对于表现拔尖的 11—16 岁青少年（专业方向、校队及 ITF 青少年发展路径）的发展培养历程。(在技能考试获得 P 级以下的学员慎入!)

结业后教学对象：11—16 岁，小学至高中年龄段的校队、体校球员及专业队球员。

教学用球：75%气压绿球、标准黄球。

课程模块：

1. 11—14 岁、15—16 岁小球员的网球环境（球拍、场地、球）的介绍。

2. 11—14 岁、15—16 岁运动技能发展、技术发展、战术比赛发展的介绍。

3. 开放、关闭、开放的沙漏式教学方法。

4. 青少年高水平选手所需要的特殊技术以及战术讲解和应用。

5. 底线、上网、对手在网前、发球 + 1、接发球 + 1、比赛的场景模式。

6. 以上 5 种场景模式在 11—14 岁、15—16 岁年龄段的教案编写和执行网球相关体能训练简介。

7. 考核内容。

8. 技能展示考试 21 项（标准黄球，原先在其他课程技能考核中获得 P 级的学员成绩不能通用，需要重新在 PERF L1 考试中评估控球能力）。

9. 标准场地团体教学考试。

10. 笔试。

简介：PTR PERF L1 是针对培养高水平青少年球员的教练员认证课程。随着 U10 课程在国内的日益普及，越来越多的 10 岁以上的青少年选手更认真更严肃地看待网球训练。

（四）AD L1

课程名称：AD L1（Adult Development L1，成人发展一级）。

针对学员：社会教练员、俱乐部教练员、在校大学生、网球爱好者。

前序课程：无，适合首次参加 PTR 课程的所有学员。

结业后教学对象：18 岁以上，网球初学者。

教学用球：标准黄球。

课程模块：

1. 针对 10 人以上的速成网球教学方法。

2. 循序渐进的网球教学原则。

3. 正手、反手、发球的主要错误以及纠正方式。

4. 技能考核中的 21 项内容的介绍和练习。

5. 正手、反手、发球的 4 人以上团体课程结构及展示。

6. 针对 5 人以上的双底线、随上、双截击的多球送球方式。

7. 考核内容：技能展示考试 21 项。

8. 团体教学考试。

9. 纠错考试。

10. 送多球考试。

11. 笔试。

简介：PTR AD L1 是最早引进国内推广的课程，至今已经认证了 2 000 多名国内的网球教练员，是帮助首次踏上教练事业征程的伙伴、网球爱好者等的首选入门 PTR 课程。

（五）JD U10 L1

课程名称：JD U10 L1（Junior Development Under 10 L1，10 岁以下青少年发展一级）。

针对学员：网球进校园的教练员、俱乐部教练员、在校大学生、适龄家长。

前序课程：AD L1，学员在掌握团体教学原则、纠错原则、技能考试项目的基础上学习此课程会更有心得。

结业后教学对象：10 岁以下，学龄前儿童至小学生。

教学用球：25%气压红球、50%气压橙球。

课程模块：

1. 5—8 岁、8—10 岁小球员的网球环境（球拍、场地、球）的介绍。
2. 5—8 岁、8—10 岁小球员游戏热身原则和技巧。
3. 5—8 岁、8—10 岁运动技能发展、技术发展、战术比赛发展的介绍。
4. 接球技能、底线、上网、发球、接发球、综合比赛的场景模式。
5. 考核内容。
6. 技能展示考试 21 项（标准黄球考试）。
7. 红场团体教学考试。
8. 笔试。

简介：PTR JD U10 L1 是目前国内开班数量最大的课程，自从 2013 年落地至今已经认证了 1 000 多名国内的网球教练员，课程极大程度上帮助了网球进校园（幼儿园、小学）的推广和实施，也是星战赛在全国范围迅速成长的重要理论依据。它不但适合教学 10 岁以下儿童的教练员，也适合适龄家长参与培训，以便进一步了解自己孩子的网球成长历程。

（六）JD 11—17 L1

课程名称：JD 11-17 L1（Junior Development 11-17 L1，11—17 岁青少年发展一级）。

针对学员：网球进校园的教练员、俱乐部教练员、在校大学生、适龄家长。

前序课程：JD U10 L1，学员在了解 10 岁以下儿童教学环境后，自然对接 11—17 岁（非专业方向）的发展历程。

结业后教学对象：11—17 岁，小学至高中（非专业方向）学生。

教学用球：75%气压绿球、标准黄球。

课程模块：

1. 11—14 岁、15—17 岁球员的网球环境（球拍、场地、球）的介绍。

2. 11—14 岁、15—17 岁球员游戏热身原则和技巧。

3. 11—14 岁、15—17 岁运动技能发展、技术发展、战术比赛发展的介绍。

4. 开放、关闭、开放的沙漏式教学方法。

5. 底线、上网、对手在网前、发球 + 1、接发球 + 1、比赛的场景模式。

6. 考核内容。

7. 技能展示考试 21 项（标准黄球）。

8. 绿球标准场团体教学考试。

9. 笔试。

简介：PTR JD 11-17 L1 是紧接着 10 岁以下 L1 课程，针对不走职业路线 11—17 岁青少年而设计的教练员认证课程。它围绕着如何让 11—17 岁年龄段的孩子持续产生对于网球的兴趣，通过沙漏式教学方法让教练员积极有效地参与到学员热身、技术发展、战术发展以及游戏和比赛之中，帮他们迅速改良体能、技巧和战术储备，更好地享受网球乐趣。

PTR JD 11-17 L1 课程于 2017 年 10 月正式落地中国北京，并开始大范围国内推广，作为 U10 L1 的后续课程，它是青少年网球教学当中必不可缺的组成部分，也是学习 JD L3 课程中一条必不可缺的通路。

（七）PTR JD L3

课程名称：JD L3（Junior Development L3，针对 5—17 岁青少年，网球主教练、总监课程）。

针对学员：具有相当 5—17 岁青少年教学经验，负责市场化网球俱乐部运营，二三线梯队建设的网球主教练、教头、教学总监。

前序课程：JD U10 L1（必学），JD 11-17 L1（必学）且其中的任何一门结业成绩为 P 级。

结业后教学对象：5—17 岁，横跨几乎所有业余青少年网球的所有年龄段。

教学用球：25%气压红球、50%气压橙球、75%气压绿球、标准黄球。

课程模块：

1. 5—8 岁、9—10 岁、11—14 岁、15—17 岁运动技能发展、技术发展、战术比赛发展的回顾。

2. 技能学习和运用的三个阶段。

3. 各个年龄段之间衔接和进阶的标准。

4. 学员之间、教练员之间的自我和相互评估。

5. 目标制定以及配合实现目标所需的短中期课程方案制定。

6. 考核内容。

7. 团体教学考试。

8. 笔试。

针对 5—10 岁（红、橙）和 11—17 岁（绿、黄）两个年龄段各（3＋3＋3）篇或者 2×12 篇结合短中期目标制定的教学方案的编写和提交（在课程结束的 6 周内邮件提交 PTR 中国导师及 PTR 美国总部委员会审核）。

简介：PTR JD L3 于 2017 年年底正式落地中国由中国导师组授课，中国和美国导师委员会共同审核教学方案的青少年网球教学专家级（L3）课程，自从 2015 年首次在中国开课后获得了很大的反响。这是一门适合于青少年网球主教练、总监的课程，它不但解决了学员如何在不同年龄段衔接和进阶的问题，同时教会了教头们如何围绕着实现短期和中期目标，为不同的青少年量身定制的一系列教学方案，帮助学员的成长并在各类青少年比赛中获胜的方法。

这是任何在俱乐部、体校和网球社会组织工作中负责教学的技术管理人员所必需的课程，因为其不只是帮助制定了一两个月课程方案，而是解决了 5—17 岁跨年龄段的所有课程目标和教案的制定方法，是一项专家级的课程解决方案。

想要获取 JD L3 课程认证证书的同学必须同时学习过 JD U10 L1 和 11-17 L1 课程，并在这两门课程的任何一门中获得 P 级的最终评级，学员在课程结束的 6 周内也必须提交针对各个年龄段的教案，供中美的导师团队共同审核评判最终 L3 级认证资格。（只有“通过”或者“不通过”的评级）

仅希望参与课程，不具有前序获取 L3 级证书资格的学员，可以报名以“旁听”身份参与课程（必须是有效 PTR 中国会员），但是不接受在场考试和教案论文评估，PTR 中国会颁发相应的参与证书。

（八）PERF L3 高水平发展训练认证课程三级

结业后的教练针对教学对象为 10—16 岁专业和准专业高水平年轻运动员，以及参与校队或国内 U12，U14，U16，U18 比赛的青少年选手。

PERF 认证课程为有培养潜质的网球青少年选手训练的教练们而准备。这个课程为期 4 天，主要是在 L1 课程的基础上教会教练员如何根据不同战术、技术和体能训练的理论，灵活制定和实施教学方案，达到培养高水平球员提高比赛竞技能力的目的。主要内容考试都将在球场上举行——技能考试、教学考试和笔试。

（九）PTR 大师级网球课程 L5 五级

PTR 大师级网球课程旨在进一步提高教练员的综合知识和素养。参与课程的教练员必须在之前的 L1 或 L3 课程中获得专业级的综合评定方可参与学习。每一门大师级课程均有 200 个小时的在场、课堂、在线和两门课程实施项目。教练员有 2 年的时间来完成学业，并通过 18 门不同领域的考核项目持续不断地对教练员能力进行评估。

（十）PTR 青少年发展大师 L5 五级

本课程发展教练员针对各年龄段青少年的俱乐部课程体系的计划和实施能力。教会年轻球员的发展方向和进阶体系，同时设计具有创造性的教学系统，最终让更多的青少年留在网球运动中。

（十一）PTR 高水平 L5 五级

本课程教会教练员在球员从青少年专业队发展到大学奖学金系统和 ITF/WTA/ATP 职业球员的综合课程设计和执行能力。教练员需要领会在不同阶段球员发展的不同领域的重要性，最终塑造其在比赛竞技中的终极表现。

（十二）PTR 成人发展 L5 五级

本课程教会教练员如何在俱乐部环境中开展各类课程的设计和执行，包括心率网球，速成网球和不同比赛对抗计划等都有包括。如何照看好每位成人学员的身体发展及社交发展的需要也是课程的重要内容。

第三节　美国职业网球协会

一、简要介绍

美国职业网球协会（United States Professional Tennis Association，USPTA）成立于 1927 年，是世界上历史最悠久、规模最大的网球职业教练员培训机构。USPTA 在全世界拥有超过两万余名会员。其中包括近 6 000 名国际会员，这些会员遍布全球超过 60 个国家，同时，会员数量以每年 1 000 人不断递增。USPTA 为不同等级的网球职业教练员提供机会，以提高教学技术水平，以及扩充商业知识。协会还开设网站、论坛，便于会员间的信息传递、思想交流及经验分享。

USPTA 在国际网球教练员认证体系中素来以“专业、规范、严格”著称。

课程内容分为：球技示范模拟测试、握拍示范及介绍、重点分析教授小组及个人课程、各种击球动作观察及分析、模拟笔试及分析。USPTA 在中国的授课场地现选在北京万商网球俱乐部。

USPTA 的目标是提高职业和普通网球教练员的整体素质和水平。当今，对于职业网球教练员的职责，除了传统意义上的教学，还需要他们具有商业技能和社会责任。USPTA 帮助其会员面对此类挑战。

根据年龄、经历以及是否成功完成认证考试，USPTA 新认证成员将从低到高分为三个等级，分别为：职业 3 级教练员，职业 2 级教练员，职业 1 级教练员。职业水平分级是衡量教练员整体水平的标准，也是 USPTA 教练员主要的分级。它同注册会员、合作会员、荣誉会员及发展级教练员的分类不同，因为后三类会员不需要通过认证考试。认证是 USPTA 最基本的会员权益，也是网球俱乐部雇用教练一个重要的因素。

除以上所述分级外，USPTA 职业教练员可达到精英级别，即职业大师级教练员。该级别人数约占总成员人数的 1%。

二、会员制度

（一）职业 1 级教练员

申请人必须全部三个部分（技术考试、教学考试、笔试）达到认证考试的职业 1 级教练员标准。

（二）职业 2 级教练员

认证考试全部三门考试中，申请人最低一门的成绩达到职业 2 级教练员标准。

（三）职业 3 级教练员

认证考试全部三门考试中，申请人最低一门的成绩达到职业 3 级教练员标准。

（四）不合格

申请人有一门或以上考试未能达到职业三级教练员标准，则被视为不合格。

三、考试内容

（一）技术考试（场上）

申请人将示范各种击球技能，以考察击球准确性、连贯性、击球类型以及球的旋转。技术考试的内容包括正手、反手、发球、截击、挑高球、放小球及高压球。

（二）教学考试（场上）

申请人将展示各类握拍方式、分析错误击球的能力、进行单独授课及集体授课的能力。

（三）笔试（教室或在线）

申请人将完成一份四选一的试题，共100道。笔试题目考核内容分为以下几类：教学技能、击球技能、商业及项目活动、职业道德准则、网球规则、网球历史、球场维护、NTRP、USPTA历史、短式网球，以及网球装备（包括拍线）。

四、USPTA会员种类

USPTA会员共分为七类：申请会员、认证会员、发展级教练员、合作会员、荣誉会员、轮椅认证教练员及退休会员。

（一）申请会员

这是在成为认证会员前的暂时教学分类，直到申请人成功完成USPTA教练员认证考试。

（二）认证会员

成功完成USPTA教练员认证考试（即可达到该教学分类）的会员，可参与职业3、2、1级教练员的分类评级。

（三）合作会员

非教学分类，不需要认证考试。

（四）荣誉会员

通过USPTA执行委员会投票表决，授予网球事业或为USPTA做出杰出贡献的人士以荣誉会员称号。同样不需要认证考试。

（五）退休会员

现已退休的前（网球教师分类）会员。

（六）USPTA发展级教练员

为已经在从事网球教学的申请人所设计——比如高中网球教练、娱乐性网球场所教练或其他兼职教练——但此类会员尚未成为全职的职业网球教练员。

（七）轮椅认证教练员

该项目为职业教练提供新的教学机遇，并为轮椅网球运动的发展服务。

USPTA展望——USPTA将成为世界领先的具有职业网球教练员认证资格的专业协会，将被视为集博学多才的网球专家、行业领头人于一体的组织机构，同时也将是各领域必不可少的商业伙伴。USPTA为会员提供最高层次的学习平台和项目，以使其在网球领域内增加谋生手段，创造就业机会，推广网球运动的发展。

第二章 国内网球教练员资质认证体系

快易网球教练员培训是中国网球协会的专项培训，通过考核颁发专项培训证书，参加培训的教练员所学的主要是组织初学者进行集体教学的能力。按照中国网球协会的规定，取得此类等级证书的教练员，必须参加专项规定培训才能进行年度注册，目的是保证授证教练员的质量。快易网球以国际网联的 Tennis Play & Stay 课程体系为核心，采用最新、最先进的网球教学方法组织课程教学，教练员将学习到如何在第一堂课使初学者掌握发球、对打、得分，使初学者能以更快速、更有效、更易接受的方法掌握网球技术。快易网球教练员的培训对象包括俱乐部中面向初学者的全职、兼职网球教练；大、中、小学中从事网球教学的教师和教练；青少年或成年业余网球培训班的教练和助教；其他面向初学者组织教学活动的网球教练。

从 2002 年开始，一支由 10 个国家的高级教练员和专家组成的团队就开始研究如何帮助人们更容易地掌握网球、喜欢网球并坚持下去的问题。2007 年国际网球联合会（ITF）携手 37 个成员国正式推出这项最新的网球教学研究成果。快易网球是国际网球联合会经过近 20 年的网球教学总结的经验，教学采用三色网球教学。它轻松易懂，简单易学，无须适应球性，直接可以进入角色。它已经游遍了五大洲，备受众多网球爱好者推崇和追捧。无论你是刚会走路的孩子，还是花甲的爷爷，快易网球都会让你体验网球带来的快乐。

快易和乐享的概念很好地囊括了网球爱好者最重要的两种需求：初学者要能以快速、有效、容易接受的方法掌握网球的运动技能，是为“快易”；掌握了网球的基本技能之后，要有充足的、适当的比赛和活动能够用于体验排名和同级别比赛带来的乐趣，能够在比赛和活动中不断提高水平，是为“乐享”。

快易网球，拥有最先进的、最适合网球初学者的教学理念和体系，采用小场和大球这一革命性的创举，小场，由于球场小，学员自然而然地减少了击球的力度，从而可以很好地控制球，有了回合以后自然网球的乐趣就诞生了，由于用的是大球（海绵球），用力也打不远，有利于对球的控制，随着来回数的不断增加，学员的兴趣就被培养出来，成为真正的网球爱好者。

附　录　网球常见英语词汇

ace	发球直接得分（对方球拍未碰到球）
advantage	领先
all	平（比分相同）
alley	单打与双打之间的场区
alternate service	换发球
approach shot	上网球
asphalt courts	沥青球场
attacking return	攻击性回击球
Australian Open	澳大利亚网球公开赛
back court	后场
back hand drop shot	反手放小球
back hand half-volley	反手半截击
back-hand volley	反手截击
backhand	反手
ball boy	球童
ball change	换球
ball control	控球技术
ball sense	球感
base line	底线
battle for supremacy	争夺最高头衔
be quiet	安静
blocked return	堵截回击球
body-line ball	贴身球
break point	破发点
bye	比赛轮空
cement court	三合土球场
center court	中心球场
center mark	中点

chair-umpire	主裁判
champion	冠军
championship	锦标赛
change sides	交换
changeover	换边
Chinese Tennis Association	中国网球协会
chip shot	削球
clay courts	泥球球场
consistency	稳定性
convert a point	获得 1 分
correction	更正
court surfaces	场地表面
cross court shot	斜线球
deep ball	深球
default	弃权
depth shot	打深度球
deuce	（局末）平分
disqualify	取消比赛资格
double bounces	球弹地两次
double elimination tournament	双打淘汰赛
double fault	发球双误
double hit	在一次挥拍中球碰撞球拍两次
double handed backhand	双手反手击球
doubles	双打
down-the-line shot	落底线球
down-the-line	边线直线球
drive	抽球
drive return	抽签
drop shot	放小球
duce	平分
eastern forehand	东方式正手
event begins	赛事开始

exhibition	表演赛
fault	一发失误
faults	失误
fifteen all	15 平
first service	第一发球
fitness	状态
flat drive	平抽球
flat stroke	平击球
fluke/set-up/easy	机会球
follow through	跟进动作
foot fault	脚部犯规
footwork	步法
forehand half-volley	正手半截击球
forehand volley	正手截击球
forehand	正手
forty all	40 平
foul shot	技术犯规
fourth-seeded	四号种子
forty	40 分
French Open	法国网球公开赛
front court	前场
game point	局点
game	盘
good ball	好球
good return	有效回击
grab punch position	截击位置
grand Slam	大满贯
grass court	草场
grip	握拍姿势
ground stroke	击落地反弹球
half-volley	半截击、凌空抽击
hand signal	手势

hard-court	硬地
heavy ball	重球
hindrance	妨碍
hitting the ball	击球
in/inside	界内
let	发球时球触网、重发
linesman	视线员
lob	挑高球
love	0 分
love game	一方得 0 分的一局
low drive	抽低球
low volley	低截击球
make the draw	抽签
masters titles	(网球) 大师杯赛头衔
match point	赛点
mid court	中场
mixed	混双
net band	球网中间的松紧带
net post	网柱
net-cord judge	球网裁判员
net-post	网柱
no-man's-land	真空地带
not up	球在地上弹跳两次
out/outside	界外
overhand service	上手发球
overhead	高球
partner	伙伴
passing shot	超越球
percentage play	沉着应战
permanent fixtures	场上的固定物
place-up	抛球
player	参赛者

postpone	延期
progressive playing	改善打法
quarter finals	四分之一决赛
racket	网球拍
racket press	球拍夹
rallies	连续
rally	对打
ranking	名次；排名
ready position	预备位置
receiver	接发球员
receiving formation	接发球的位置
red clay court	红土球场
referee	裁判
round robin tournament	循环赛
rules	规则
second service	第二发球
seded player	种子球员
seeded	种子（选手）
seeding player	非种子球员
semifinalist	半决赛决出的选手
semi-finals	半决赛
server	发球方
service court	发球区
service line	发球线
service return	接发球
set point	盘点
shots	球路
side line	边线
side-spin	侧旋球
single elimination tournament	单淘汰赛
smash	高压球
spin	旋转球

split-stepping	分开两脚站立
stamina	耐力
stance	站姿
stop	截停球
strap	中央带
strings	球拍线
surprise return	突然的回击
suspension	暂停
swing	挥拍
take-back	拉拍
tennis coach	网球教练
tennis lines	网球场上的线
tennis racket	网球拍
thirty	30 分
thirty all	30 平
through the net	穿网球
throwing position	准备击球姿势
tiebreak	"抢七",即打破平局的决胜局
tie-breaker	平局
timing	击球时间的掌握
tournament	锦标赛
turn	转身
underhand service	下手发球
underspin	下旋球
U. S. Open	美国网球公开赛
veteran duo	经验丰富的老搭档
warming up	热身运动
wide ball	离身球
Wimbledon Championships	温布尔登网球锦标赛
winner	制胜球
women's doubles	女子双打
women's singles	女子单打

参 考 文 献

[1] 陶志翔.网球运动教程[M].北京:高等教育出版社,2003.
[2] 谢相和.大学网球教程[M].四川:四川大学出版社,2013.
[3] 刘青.网球运动教程[M].北京:人民体育出版社,2012.
[4] 胡柏平,郭立亚.网球运动教程[M].北京:高等教育出版社,2017.
[5] 乔伫,李先国,黄念新.网球运动教程[M].南京:南京师范大学出版社,2005.
[6] 应圣远,王加强.网球[M].北京:北京体育大学出版社,2002.